Comprehension of Spoken Italian

R. N. ABSALOM

Head of the Department of Modern Languages
Sheffield City Polytechnic, England

CAMBRIDGE UNIVERSITY PRESS
Cambridge
London · New York · Melbourne

Published by the Syndics of the Cambridge University Press
The Pitt Building, Trumpington Street, Cambridge CB2 1RP
Bentley House, 200 Euston Road, London NW1 2DB
32 East 57th Street, New York, NY 10022, USA
296 Beaconsfield Parade, Middle Park, Melbourne 3206, Australia

Introduction, selection and questions
© Cambridge University Press 1977

First published 1977

Printed in Great Britain
at the University Press, Cambridge

Library of Congress Cataloguing in Publication Data
Absalom, Roger Neil Lewis.
Comprehension of spoken Italian.

1. Italian language – Conversation and phrase books.
I. Title.
PC1121.A2   458'.6'421   76-21015
ISBN 0 521 29115 1

Comprehension of Spoken Italian

Also by R. N. Absalom

Passages for Translation from Italian
Advanced Italian (with S. Potestà)

Contents

v

Sources of texts

1   RAI (Radio Televisione Italiana) – Terzo programma: La Staffetta
2   RAI – Programma regionale toscano 4.8.75
3   O. Langini – 'Il cervo dello Stelvio', *L'Universo IX*, 1960
4   ed. G. Sansone – *Il bambino che viene dal Sud*, pp. 47–9, Emme Edizioni, Milan 1975
5   G. Ghirotti – 'Cristo tra gli scioperanti' in *Italia mia benché*, pp. 212–15, Comunità, Milan 1963
6   Fruttero e Lucentini – *La donna della domenica*, pp. 43–5, Mondadori, Milan 1972
7   Fruttero e Lucentini – *op. cit.* pp. 220–3
8   M. Bernardi – 'Strage di camosci al parco del Gran Paradiso', *La Stampa* 25.9.67
9   ed. G. Sansone – *op. cit.* pp. 72–3
10   RAI – Terzo programma: Napoleone a Elba 21.8.75
11   Fruttero e Lucentini – *op. cit.* pp. 80–3
12   E. Lussu – *Marcia su Roma e dintorni*, Einaudi, Turin 1932
13   RAI – Terzo programma: Il mondo costruttivo dell'uomo 10.8.75
14   G. Amaldi – 'Dal fuoco all'atomo' in *Il progresso della tecnica*, ERI, Roma
15   RAI – Terzo programme: Il mondo costruttivo dell'uomo: gli stadi olimpici 17.8.75
16   RAI – Terzo programma: Taccuino di viaggio: i canguri 26.7.75
17   R. De Benedetti – 'La macchina e l'organizzazione del lavoro' in *Il progresso della tecnica*, ERI, Roma
18   RAI – Il giornale del Terzo 17.8.75
19   RAI – Taccuino di viaggio: Tutankhamun 23.8.75
20   RAI – Programma regionale toscano 11.8.75
21   RAI – Programma regionale toscano 11.8.75
22   RAI – Programme regionale toscano 11.8.75
23   ed. G. Sansone – *op. cit.* pp. 35–7
24   RAI – Terzo programma: Il legno, una risorsa rinnovabile 16.8.75
25   ed. G. Sansone – *op. cit.* pp. 54–6
26   F. Cianflone – 'Arrivano le fotocopie a colori', *Il Corriere della sera* 6.8.76
27   ed. G. Sansone – *op. cit.* pp. 93–6
28   A. Bartolini – 'Anche l'acqua minerale invecchia', *Il Corriere della sera* 6.8.75
29   Intervista con Pierre Carniti, segretario nazionale della CISL, *L'Espresso* February 75
30   P. Calamandrei – 'Lo spirito della Costituzione', Lecture to Milanese

students recorded 26.1.55 and reproduced in *Politica e costume 3*, ed. C. Caramello, Paravia, Torino 1971

Acknowledgements

Thanks are due to the following for permission to include passages in this book, and on the accompanying recording:

'L'Universo' for *Il cervo dello Stelvio* from L'Universo IX, 1960.

Emme Edizioni for five extracts from *Il bambino che viene dal Sud* by G. Sansone.

Edizioni di Comunità for 'Sciopero in miniera' by G. Ghirotti.

Arnoldo Mondadori Editore S.P.A. for three extracts from *La donna della domenica* by Fruttero and Lucentini © 1972 Arnoldo Mondadori Editore.

La Stampa for *Strage di camosci al parco del Gran Paradiso* by M. Bernardi.

Dr Giovanni Lussu for *Marcia su Roma e dintorni* by E. Lussu.

Il Corriere della Sera for *Arrivano le fotocopie a colori* by F. Cianflone and *Anche l'acqua minerale invecchia* by A. Bartolini.

Fonit Cetra for *Lo Spirito della Costituzione* by P. Calamandrei.

Passages 1, 2, 10, 13, 15, 16, 18, 19, 20, 21, 22 and 24 were first broadcast on Radio Televisione Italiana.

Every effort has been made to trace copyright holders. The Publishers would be glad to hear from anyone whose rights they may have unwittingly infringed.

Introduction

Aural comprehension is becoming a feature of modern languages examinations at both 'O' and 'A' levels* of a growing number of Boards. From the examiner's point of view it is by far the most reliable of available tests concerned with assessing proficiency in the spoken language since it virtually eliminates the subjective component in assessment and, within limits, presents the same challenge to all candidates. For this reason it is usually administered independently of tests of oral production and communication and the Boards give it greater weight in their mark schemes.

While teachers generally welcome this development, they encounter a number of problems in preparing their pupils for it. The essence of the test is the assessment of the candidate's ability to comprehend more or less normal discourse in the foreign language as produced by a native speaker making minimal, or no, concessions in terms of slow or otherwise untypical diction. Most teachers are not, however, native speakers, and in any case their pupils are thoroughly accustomed to their particular speech habits. This problem is compounded in languages, such as Italian, where what constitutes received pronunciation may be a matter of dispute.

Problems may arise, too, for teachers attempting to prepare candidates for this test without outside help, in relation to the choice and editing of materials, and, most of all, the formulation of appropriate questions.

This book and its accompanying tape are strictly a working tool, for teachers and pupils alike, designed to assist in overcoming these problems. The 30 tests contained in it are not indended to give a comprehensive coverage of all variations of the spoken language, but to anticipate the kind of challenge likely to be met by candidates sitting listening comprehension tests, taking them over a graded series of hurdles covering a reasonable range of the types of discourse, diction and questions they will need to be able to deal with in facing a specific examination task.

To make its use as practical as possible, the book is divided into two sections: firstly the questions pertaining to each test are printed in order, secondly the passages themselves. The tapes carry the tests in their spoken form.

By separating questions from texts the conditions of the real examination are reproduced, though there is no reason why, for *teaching* purposes, the candidates should not be allowed to look through the

*For those not familiar with the system of public examinations in England and Wales it will suffice to know that 'O' and 'A' level examinations are administered in schools at approximately the ages of 16 and 18, respectively.

1

passages before or during the playing of the tape. It is suggested, however, that, should the teacher wish to temper the difficulty of the vocabulary of passages, the best procedure is to prepare 'prompt lists' of key words and phrases which might prove stumbling blocks and allow pupils to look at these while listening.

The commonest procedure for this test is for the passage to be played or read twice, with a pause of a few minutes between readings.* The candidates may not normally see the questions before the interval, but notes may be taken during the first reading. In practising for this test, teachers may prefer to graduate the difficulty (if they are using a language laboratory) by allowing pupils to record the passage as it is first broadcast and listen to it the second time independently with a playback facility.

The questions in this book are in English, since it is designed to prepare for the commonest form of this test, though for certain purposes teachers may prefer to give their pupils the questions in Italian. Pupils should be invited to give brief factual answers which include all relevant features of the content of the passage: in assessment no account is normally taken of the form of the answer, provided it is clear and comprehensible and pupils should be trained not to write long disquisitions retailing every feature of what they have heard but to include only those which are strictly relevant to the question asked.

Many, and even the majority, of the features of the text may not be the subject of questions, since part of the nature of the test is to determine whether the candidate can distinguish what is relevant. Complete comprehension of every word and nuance of the original is therefore *not* required, only its substance. Since appropriate materials often contain the names of persons and places, questions are always phrased in such a way as to give the necessary assistance in recognising these. Titles in English are also given.

It is well-known that, particularly with modern teaching methods based on language laboratory courses, aural comprehension can be developed more quickly and fully than the other language functions. Teachers and pupils should not therefore allow themselves to be daunted by the apparent difficulties of the texts as seen on the printed page, where the natural tendency is to assume that every word must be individually familiar if the whole is to be understood. Such precise knowledge is *not* necessary for the listening function – if it were, learning to follow what is being said would be much more difficult, even in one's native tongue.

A final word on other possible uses of the materials in this book: besides using them for translation practice, many of the passages are suitable for use as stimuli to oral production (the dialogues can be learnt, or continued, and if the tapes are 'exploded', they can be used for repetition drills in the laboratory etc.) For obvious reasons they should not be used in these ways *before* being administered as tests.

*For reasons of economy the passages are only read once on the tapes: the rewind time could serve as the interval – don't forget to note the number on the revolution counter before starting!

Introduction

A good deal of the material was recorded direct from Italian radio broadcasts (for the rest, native speaker voices have been used) and this may suggest a useful occupation for teachers on holiday in Italy who happen to possess a radio/tape recorder!

Thanks are due to the technical staff and speakers who have helped to make this 'talking book' a reality.

Questions

Questions on Passage 1

1 What kind of room does the Visitor ask for when he reaches the hotel?
2 Why has he returned to this village in the mountains?
3 What unhappy experience did he have there?
4 Why did he nevertheless become attached to the place?
5 What is the first thing the Visitor wants to do?
6 Why does the Receptionist think he will not be able to do it?
7 What kind of a person was Tonino, the former barber?
8 Why is the Visitor so disappointed that he will be unable to see him?
9 Who has taken Tonino's shop over?
10 What is unusual about the new barber?

Questions on Passage 2

1 In view of what approaching holiday did the Chief Constable of Florence Dr Rocco call a meeting?
2 When was that meeting held?
3 Who took part in the meeting?
4 What was the specific purpose of the meeting?
5 What was planned at the meeting?
6 What tactics were decided upon by the police forces?
7 What was their objective?
8 What problem was given special attention?
9 Why do some people have to stay in town in summer?
10 What special needs do they have?

Questions on Passage 3

1 What change has recently occurred in the deer population in the Stelvio area?
2 What has led to their reappearance in the Stelvio National Park?
3 What action taken by the Italian Park authorities has contributed to this?
4 How well has the deer survived elsewhere in Italy?
5 What are the principal physical and social characteristics of the deer?
6 Describe the process of horn-formation in the male deer.
7 What features of its makeup enable the deer to meet the challenge of survival?
8 When does the rutting season occur?
9 What kind of behvaiour is found in the stags in the mating season?
10 What does the diet of the deer mainly consist of?

4

Questions on Passage 4

1 What does Maria remember of her family life in the South near Cosenza?
2 What was her father's occupation?
3 What was life like in Corsica?
4 Why did her father prefer to go on working in Corsica even after the family had moved to Milan?
5 Why did Maria resent this?
6 Where has nearly everyone in Fuscaldo gone to?
7 Why is Maria not very keen on being in Milan?
8 What particularly struck her when she first arrived?
9 On balance, what seems to be Maria's opinion of migration from South to North Italy?
10 What differences has living in Milan made to her personal freedom?

Questions on Passage 5

1 What kind of strike occurred in August-September 1961 in the Iglesiente coal-field?
2 What form of action had the miners taken?
3 How was this affecting them by September?
4 What did the miners want to know when they brought a casualty to the surface?
5 What did their friends have to tell them?
6 How did the miners' attitude change after the first few weeks of the strike?
7 What was their attitude to the Pertusola mining company and their trade-union leaders?
8 In what practical way did they show their disillusionment with their Trade Union?
9 What kind of message did they send to MPs?
10 What 'presents' did the miners refuse, and why?

Questions on Passage 6

1 Why is the Detective interested in whether doors were open or not?
2 Why had the Witness gone to the Lungopò?
3 What route did the Witness take home?
4 Why was the Witness not particularly attentive to what he saw on his way home?
5 Whom had the witness seen outside a bar in via Calandra?
6 Whom else had he seen?
7 Why is the Witness unsure of having seen the blonde actually coming out of his house?
8 Where exactly did the Witness first see her?
9 How far is the other doorway from the Witness's?
10 What alternative explanation does the Witness suggest as to where the blonde came from?

5

Questions on Passage 7

1   For what reason has the Witness been recalled?
2   What details of the suspect's appearance does the Detective want to check?
3   What details does the Witness provide?
4   What does the Witness remember about the star on the handbag?
5   What does the Detective suggest that the Witness do to refresh his memory?
6   Why does the Detective think the Witness should be well qualified to do this?
7   Why does the Witness decide he doesn't need a ruler after all?
8   Why does the Witness find it difficult to make a geometrical drawing?
9   What does the Witness suddenly realise about the object he is trying to draw?
10   Why does the Detective think this realisation is a valuable piece of evidence?

Questions on Passage 8

1   What action did the police take after the massacre of chamois the previous Saturday?
2   What drew the attention of game warden Nicolussi to the incident?
3   What did he see when he arrived at the scene?
4   What was one of the poachers carrying in his rucksack?
5   What did Nicolussi do when he met the poachers?
6   What did they do when Nicolussi called on them to stop?
7   Why did he not arrest them?
8   What happened after he raised the alarm?
9   What decision did Videsott, the Chairman of the Nature Trust, make after visiting the scene of the crime?
10   Why did the hotelier not display all the chamois in his restaurant?

Questions on Passage 9

1   To whom in particular does the psychologist have to administer Intelligence Tests?
2   What do the schools who send children for testing really want the psychologist to say about them?
3   What extenuating circumstances might justify this attitude?
4   How do the schools operate an unofficial form of action?
5   What is the real basis for this selection?
6   What is the biggest problem for the schools?
7   Which teachers have the greatest difficulty in coping with immigrant children?
8   In what subjects do such children generally do best?
9   How do the children react to the common attitude to them in school?
10   What example does the psychologist give to show that the problem is not merely a scholastic one?

Questions on Passage 10

1   Why is September the best time of year to visit Elba?
2   How can visitors reach the island?
3   How could facilities for travel to Elba be improved?
4   What amenities and attractions for the tourist can be found on Elba?
5   What features of the island arouse the curiosity of even those visitors uninterested in history?
6   Why is 3 May 1814 an important date in Elba's history?
7   What were the Emperor's first actions upon his arrival?
8   What kind of quarters did he find awaiting him?
9   What feelings must Napoleon have experienced when he saw where he was to live?
10 What in particular still reminds the visitor of Napoleon's stay on the island?

Questions on Passage 11

1   What season of the year would you say it was when this conversation took place?
2   What has the weather been like lately?
3   Where do you think the witness lives?
4   Why did the Detective meet the Witness at the door?
5   Why had the Witness not come in as soon as she arrived?
6   What favour had the Detective done the Witness?
7   What apology does the Detective make to the Witness?
8   Why is the Detective rather diffident about coming to the point?
9   What does the Detective finally ask the Witness about?
10 What circumstances led the Detective to call the Witness in?

Questions on Passage 12

1   What use was made of Lipari prior to the advent of the Fascist régime?
2   What forces were deployed by the State to guard the prisoners on the island?
3   What categories of prisoners were allowed to live in private houses?
4   What was the most unpleasant aspect of the life of the prisoners on Lipari?
5   What measures were taken to ensure that prisoners could not escape?
6   What different types of prisoners were held on Lipari during Fascism?
7   What offences had they committed?
8   What did the prisoners have to live on?
9   Why were tuberculosis and dysentry the commonest illnesses among them?
10 What changes did the authorities make over the years in the facilities available to prisoners?

Questions on Passage 13

1   What problem arose for most of humanity near the end of the Neolithic age?
2   Approximately what dates can be given for this age in the Middle East?
3   What factor caused the grasslands to become uninhabitable?
4   Where had Man begun to practise agriculture?
5   To which new areas was he obliged to migrate?
6   What happened in these areas between the middle and the end of the fourth millenium B.C.?
7   What is the modern State called which now includes the area between the Tigris and Euphrates?
8   What was it called in ancient times, and why?
9   What immense task did men undertake during this period?
10 What were the objectives of this enterprise?

Questions on Passage 14

1   What basic activities of the human body require the consumption of energy?
2   What calorie intake is needed even by a man who is completely inactive?
3   What does one calorie measure?
4   What effect would the inactive man's calorie intake have if applied to water?
5   What differences are there between men and women in respect of energy consumption?
6   When does a higher calorie intake become needed?
7   What kind of activities need particularly high intakes?
8   What is the greatest number of calories likely to be needed by anyone?
9   How does Man supply himself with energy?
10 What is the crucial difference between the two basic ingredients of human energy?

Questions on Passage 15

1   How often were the games held at Olympia?
2   What motives induced the great crowds to attend them?
3   What was the symbol of victory at the games?
4   What did it express for the Greeks?
5   Why was it the most powerful stimulus to the Greek soul?
6   What was the consequence of all the Greek states sending official delegations to Olympia?
7   What effect did the games have on any wars that were being fought?
8   What kind of people were brought together by the games?
9   With what results?
10 What, therefore, was the main function of the games at Olympia?

Questions on Passage 16

1 What inevitably happens to visitors to Australia?
2 What is remarkable about a new-born kangaroo?
3 What happens in the rare cases when a baby kangaroo is unable to grope its way to its mother's pouch unaided?
4 What does the baby kangaroo do when it first reaches its mother's pouch?
5 What endears the baby kangaroo to cartoonists once it is weaned at the age of 4 months?
6 What does it do when its mother stops to feed?
7 What happens when there is any sign of danger?
8 When does the kangaroo become a skilled boxer?
9 How do kangaroos spend their time?
10 What impression do kangaroo boxing matches always make on those who watch them?

Questions on Passage 17

1 What aspects of civil life and political conditions led to the great advances in architecture associated with the Italian Communes?
2 What factors encouraged the development of military architecture?
3 Why did this lead to new developments in other forms of architecture as well?
4 What changes occurred in the status of craftsmen during this period?
5 Why did it become necessary to pay more attention to natural sources of energy and ways of applying them?
6 How was water power employed?
7 What other natural source of power was harnessed throughout Europe?
8 What technical improvements led to the more efficient use of horses?
9 What was the most important technical development handed on by the Middle Ages to modern times?
10 What new productive and social relationships were due to this development?

Questions on Passage 18

1 How has young Vincenzo Mombrini of Arcene recently come to the attention of the sporting public?
2 What comparison of salaries would he like the newspapers to publicise?
3 Why does he think that so few young people now attend football matches at the stadium?
4 How does Mombrini summarise the thinking of young people about going to watch professional football?
5 At what point in the season is this report being given?
6 What does the writer think should be the reaction of those running football to statements such as Mombrini's?
7 What has been happening lately to Italian professional football?
8 How many fans has Inter alone lost?

9   What do those responsible for running the Italian football industry want to do about the situation?

10   Why does the speaker think their response is inadequate?

Questions on Passage 19

1   What kind of man was Howard Carter, the discoverer of Tutankhamun's tomb?

2   What results did he achieve during his first ten years of searching?

3   What prevented Lord Carnavon and Carter from continuing the search?

4   What was Carter feeling just before the tomb was discovered?

5   What was the first sign that at last he was on the right track?

6   What guarded the tomb?

7   What did Lord Carnavon and Carter find inside the burial chamber?

8   What did the tomb reveal about everyday life in Egypt in 3,300 B.C.?

9   How did the newspapers react to the death of Lord Carnavon only five months after the discovery?

10   What confirmed the legend about the tomb, despite Carter's denials?

Questions on Passage 20

1   How did the seige in S. Gimignano prison begin?

2   What happened when the warders opened the parcel addressed to Turrini and Mistroni?

3   What happened when the alarm sounded?

4   What were the first demands of the two mutineers?

5   Why were the magistrates and police trying to gain time?

6   What made the negotiations so long and nerve-racking?

7   Why did Giuliana Cabrini phone from Turin?

8   What was the result of her attempt to parley with the mutineers?

9   What happened after Mistroni's father had also failed to persuade the men to surrender?

10   How did a group of journalists come to be involved in the siege?

Questions on Passage 21

1   Why had the reporters gone back to see the mutineers again in the early morning?

2   What impression did the speaker get of Mistroni when he spoke to him?

3   What was Mistroni's main demand at this point?

4   What happened in the early afternoon?

5   How did Turrini seem to differ from the description the reporters had been given of him?

6   What seemed to be Turrini's state of mind at this point?

7   What tactics were the reporters using in speaking to the mutineers?

8   How did the situation suddenly change?

9   What orders does Mistroni now issue?

10   What new proposal does he make and how does the speaker respond?

10

Questions on Passage 22

1   Why do the magistrates want Mistroni to release 4 warders?
2   How does he react to this request?
3   Why do the magistrate Dr Margara and Chini, the police chief of Poggibonsi, come rushing in at once?
4   What is Mistroni's next order?
5   Why would it be fatal to make a false move at this point?
6   What does Mistroni ask his fellow-mutineer, Turrini, to do next?
7   What then happens for the first time in the 24 hours since the siege began?
8   How do the police react to this opportunity?
9   How do the police have to reach the reporters in the prison?
10   How do the reporters respond to the end of the nightmare?

Questions on Passage 23

1   What are the basic problems of Southern children when they are sent to school in Milan?
2   What kind of language difficulties do they have?
3   What example does the psychologist give to illustrate this point?
4   How did the boy from Calabria react to his teacher's treatment of him?
5   What was the final result of this process?
6   Who was responsible for the decision to send the boy to a special school?
7   What proves that the boy should not have been sent there?
8   How common is this sort of experience among Southern children?
9   What other problem looms large in the experience of these children?
10   What role does the child's own family tend to play when children get into difficulty at school?

Questions on Passage 24

1   What factors have brought about a greater awareness in the Italian public of the significance of forest fires?
2   How great have been the losses of woodland caused by fires during the last 10 years?
3   How long would it take for Italy to become treeless if the present net rate of loss from fire did not change?
4   Is Italy better off than France in respect of timber resources?
5   What reasons are there for saying that Italy needs more rather than less wooded areas?
6   What would have been a logical response to this situation, at least until recently?
7   Why would this response no longer be appropriate?
8   What is the main positive reason why greater use should be made of timber raw materials?
9   What tendency would lead to an ecological disaster if allowed to proceed uncorrected?

11

10 Why is long-term planning particularly important in relation to supplies of timber?

Questions on Passage 25

1 What change has occurred in the population of the priest's parish since 1955?
2 What difficulties does the priest have in any case in performing his duties?
3 What additional problem arises for him due to the different attitudes to religion prevailing amongst the young immigrants?
4 How does the priest define the response of the children to his message?
5 How is the priest trying to get to understand the outlook of the immigrants?
6 How does the priest illustrate the way in which the families of immigrant children react to their new environment and the demands it makes on them?
7 How do the children react to their parents' attempt to reimpose family discipline?
8 How do the immigrant children get on with their Northern contemporaries?
9 What unusual way does the priest have of preparing children for their confirmation?
10 What does he try to make them understand about the working lives of their parents?

Questions on Passage 26

1 In what way will colour photocopying stimulate the exchange of information?
2 What advantages will it provide in the production of company news-sheets and reports?
3 How might it help a company with branches in several widely-separated locations?
4 What was the first type of photocopying process?
5 What disadvantages did the use of heat-sensitive paper have?
6 On what principle is the most recent and widespread photocopying process based?
7 What advantages does it have?
8 What is the new technical development in colour photocopying?
9 What range of colours can be reproduced?
10 What appears to be the main disadvantage of the system at present?

Questions on Passage 27

1 Why should Judge D'Orsi be a suitable person to interview about the problems of young Southern immigrants in Milan?
2 What does D'Orsi see as being the main cause of their failure to integrate successfully?

3 What role does work play in the life of the immigrant family?
4 What dangers are the adolescents exposed to on account of their parents' attitude to work?
5 What kind of jobs do immigrants usually find to do?
6 What kind of temptations may easily sway the children of such parents?
7 What example does D'Orsi quote to show how Southern youngsters justify delinquent actions?
8 On what grounds does D'Orsi dispute the belief that Southerners have a greater tendency to crime?
9 What does D'Orsi think comprises the immigrant's greatest problem?
10 In what way does he think the schools are failing?

Questions on Passage 28

1 What may happen to bottled mineral waters when they grow 'old'.
2 What was the object of the International Congress on Mineral Waters recently held in Rome?
3 What harmful effects may the 'aging' of mineral waters have on the consumer?
4 What may a fresh analysis reveal?
5 What other important fact about bottled mineral waters is generally unknown?
6 What may happen if there is a legal check at the wrong time?
7 What is the principal measure that should be taken to remedy the situation?
8 How may urban development affect the qualities of mineral waters?
9 What should be done to meet the consequent dangers?
10 What essential fact should be included on mineral water labels?

Questions on Passage 29

1 What did the Unions achieve in the last round of wage bargaining?
2 Why were the Unions not prepared to moderate their demands?
3 Why does Carniti think high wages are good for the economy?
4 What is Carniti's view of the prospects for the Italian economy?
5 Why does Carniti think it would be simple-minded to say the Trade Unions will now turn their attention to reforms in general?
6 What tactics on reform does Carniti think they should now follow?
7 What objection is the Government likely to raise to the call for reforms?
8 On what grounds does Carniti reject this objection?
9 What is likely to be the Trade Union's main target in the immediate future?
10 In what sectors of the economy does Carniti think State investment should be expanded?

Questions on Passage 30

1 What provision is made for access to higher education in Article 34 of the Constitution?

2   What does the Constitution say about the financial difficulties of poor students?

3   How does this fit in with Article 1 of the Constitution?

4   What does Calamandrei see as the real meaning of democracy?

5   To what extent does he believe that the spirit of the Constitution has been translated into fact?

6   What does he regard as the main obstacle to its full implementation?

7   What anecdote does he use to illustrate his point?

8   Why are young people often tempted to turn their backs on political life?

9   Why is Calamandrei's generation particularly sensitive to the dangers of indifference to democratic freedoms?

10   How does he think young people should respond to these dangers?

Comprehension passages

1 How the village has changed!

Receptionist	Buon giorno, signore!
Visitor	Buon giorno! Vorrei una camera tranquilla con la vista su questo vostro stupendo panorama, su queste vostre magnifiche montagne.
Receptionist	Ho quella che fa per Lei: una bella camera tranquillissima. Si ferma molto?
Visitor	Per qualche giorno. Voglio rivedere i luoghi dove ho combattuto. Ci ho lasciato questo braccio. Ma qui sono stato amorevolmente soccorso e ci sono rimasto per anni.
Receptionist	Capisco.
Visitor	Sí, sí, è un paesetto delizioso.
Receptionist	Ora è un po' cambiato. Ma ci si sta sempre bene. Faccio subito salire il suo bagaglio.
Visitor	Grazie, signora!
Receptionist	Camera No. 8.
Visitor	Grazie! grazie! Nel frattempo io vado in piazza a farmi la barba da Tonino.
Receptionist	Ah, beh', sarà un po' difficile che gliela possa fare.
Visitor	Perché?
Receptionist	Eh, sono piú di 5 anni che Tonino se n'è andato.
Visitor	Mamma mia, mi dispiace!
Receptionist	Ah, povero Tonino, era cosí semplice, affabile.
Visitor	Ah, come mi dispiace. Avevamo fatto amicizia, sa.
Receptionist	Ah sí?
Visitor	Passavo molte ore del giorno nella sua bottega. Ah, certo, dopo tanti anni, chissà quanti altri se ne saranno andati! Beh', la bottega del barbiere c'è sempre?
Receptionist	Sí, sí sempre. Ora l'ha ripresa un altro, un certo Nabucco.
Visitor	Nabucco? È il soprannome?
Receptionist	No, no, no, no, è il suo vero nome, Nabucco. E sua sorella è Mignon. Il padre era amante della musica lirica.
Visitor	Beh', Mignon può anche andare. Ma Nabucco!
Receptionist	Ah, lui è tutto contento di portarselo dietro questo nome, è piú fissato del padre, per le opere. Conosce tutte le arie piú famose, e le canticchia sempre!

2 The police in Florence alerted against holiday-time thieves and the noise problem

Nell'imminenza del ferragosto il questore di Firenze, il dott. Cammillo Rocco, ha indetto ieri allo scopo di coordinare il complesso piano di

15

servizi una riunione alla quale hanno preso parte funzionari, ufficiali dei
Carabinieri e del Corpo dei Vigili Urbani. È stato predisposto un piano
di servizi che prevede l'impiego di molte pattuglie appiedate e auto-
montate nell'arco delle 24 ore, integrate da posti di blocco fissi e volanti
allo scopo di sorvegliare abitazioni e negozi durante il periodo delle
ferie. Speciale attenzione è stata posta al problema ricorrente nel
periodo estivo dei rumori molesti al fine di assicurare a quanti sono
costretti per motivi di lavoro a rimanere in città la quiete e il riposo
necessari.

3 The wild deer in the Stelvio National Park

Il vero monarca del Parco dello Stelvio è il cervo. In questi ultimi anni,
grazie al grande èsodo dal confinante parco nazionale svizzero, i cervi
sono ritornati numerosi tra le valli dello Stelvio: se ne contano attualmente oltre seicento, sparsi soprattutto nel settore bolzanese. I motivi
di tale immigrazione vanno ricercati nelle caratteristiche ambientali
migliori che trovano nella nuova dimora: clima meno rigido durante
l'inverno, un minor pericolo di valanghe e di frane. Anche la
'pasturazione' influisce su questo fenomeno: infatti nel parco italiano,
a differenza dallo svizzero, si foraggiano gli animali durante l'inverno.

Il cervo, se si escludono i pochi esemplari sopravvissuti in Sardegna,
è scomparso ovunque in Italia.

Animale robusto, elegante, dal portamento regale, è stato fin da
tempi antichissimi oggetto di grandi cacce. È in genere molto socievole,
predilige il branco numeroso, capeggiato da una femmina anziana. Ha
un'altezza che può superare il metro e mezzo e un peso che va dai 150
ai 300 chili; le dimensioni delle corna si aggirano in media sul metro di
lunghezza. Durante il primo inverno di vita comincia la crescita delle
corna nei maschi, che da marzo ad aprile perderanno, per riaverne
subito di nuove e più grandi; nel settimo anno di vita raggiungono la
massima ramificazione.

Dotato di udito, olfatto, vista acutissimi, il cervo ha andatura rapida
su qualunque terreno e, disturbato o inseguito, non esita a passare a
guado impetuosi corsi d'acqua o a superare a nuoto laghi estesi. Se è
assalito, cerca disperatamente di sottrarsi alla lotta, ma se non resta
altra via di scampo, si difende strenuamente.

Quando il bosco si imporpora all'incalzar dell'autunno, nei cervi si
sveglia l'istinto amoroso: la selva risuona dei loro alti barriti e diviene
teatro di accese lotte fra i maschi più baldanzosi. Qualche volta le
ramificazioni delle corna si incastrano al punto che i contendenti non
possono più districarsi e muoiono miseramente.

I piccoli nascono tra maggio e giugno, protetti dal coraggio e dalla
scaltrezza delle madri. Il cervo vive nella zona montuosa, ricca di piante
e cespugli, ma si sposta in cerca di ghiande, di cereali, di leguminose e
specialmente di trifoglio, di cui è molto ghiotto.

4 A girl from the South talks about her life in Milan

Maria	Quando stavo giù in paese . . .
Journalist	Dove?
Maria	A Fuscaldo, in provincia di Cosenza. Non stavo con mia madre, stavo con mia zia. Quando avevo tre anni siamo andati in Corsica, e quelli sono stati gli unici anni in cui sono stata con i miei genitori.
Journalist	E come mai in Corsica?
Maria	Perché mio padre faceva dei lavori nei boschi. Disboscamento.
Journalist	Tagliava i boschi?
Maria	Gli alberi . . . Noi stavamo in un paesino vicino a Bastia. Mio padre stava via una settimana e ritornava a casa la domenica.
Journalist	E tu hai imparato il francese?
Maria	Prima sì, adesso non mi ricordo più niente. Avevo tre anni, allora l'italiano non lo conoscevo ancora. Sono rimasta lì fino a sei anni. Poi sono ritornata al paese. Mio padre prima è rimasto un po' in Corsica. Poi è venuto a Milano.
Journalist	E ora siete qui in maniera definitiva?
Maria	Sì, sì, ora è definitivo. Siamo qui da tre anni. Però quando sono venuta qui io, ancora non c'eravamo tutti. Mio padre continuava a rimanere in Corsica.
Journalist	Ma perché tuo padre rimaneva sempre in Corsica?
Maria	Lui diceva che si guadagnava di più. E soprattutto diceva che lì non doveva dipendere da nessuno. Metti che gli veniva voglia di sedersi un po': si poteva sedere. Se si voleva fumare una sigaretta, se la fumava. Invece in fabbrica non c'era abituato a tutti quei rumori. Lì alzava gli occhi e vedeva il cielo.
Journalist	Ma aveva un po' ragione, secondo te?
Maria	Era un po' egoista, perché noi nel frattempo . . . Mia madre sempre operaia metalmeccanica.
Journalist	Al sud lavorava tua madre?
Maria	No, dei lavori così, saltuari.
Journalist	Quanta gente c'era al vostro paese?
Maria	Sui diecimila, d'inverno non c'è quasi nessuno. Vanno tutti a Milano o a Torino, in Svizzera, in Germania. E adesso che ho conosciuto di più il nord non è che sia tanto entusiasta.
Journalist	Insomma non sei contenta di essere venuta qui al nord.
Maria	Mah, forse sono un caso particolare. In pratica io e i miei fratelli è come se non li avessimo mai avuti i genitori. Quando eravamo piccoli dovevano lavorare per noi e non li vedevamo mai. Ora che li abbiamo vicino devono sempre lavorare per noi e in pratica non li abbiamo mai. I nostri genitori non hanno colpa, ma non abbiamo neanche colpa noi. Forse loro non capiscono che noi non abbiamo solo bisogno di sapere che loro fanno i sacrifici per noi.
Journalist	E quando sei arrivata, cosa ti ha colpito?
Maria	Mah . . . il dialetto, per esempio. Io non conoscevo nessuno, nessuno. Ero abituata a stare con gente più aperta. Per esempio io non avevo mai

fatto caso che avevo un accento diverso. Me l'hanno fatto notare loro.
E io dicevo: ma chi ti fa pensare che tu hai un accento 'giusto'? *voglio?*

Journalist   Allora, tu dicevi che vivere a Milano, lavorare tutti in fabbrica ha
cambiato la famiglia, ognuno è costretto a fare per sé. Ti sembra che
questo sia vero anche per gli altri ragazzi che conosci?

Maria   Io dico che il fatto di venire su aiuta molto, in fondo. Certo, se loro
potessero rimanere lì sarebbe meglio, perché uno deve poter stare dove
è nato. Però, in fondo in fondo, secondo me è un bene venire su.

Journalist   E come ragazza, come ti trovi, meglio qui, o giú?

Maria   Qui. Giú anche se giocavo per strada . . . perdevo la mia dignità.

Journalist   Allora c'è piú libertà qui, secondo te.

Maria   Sí, sí, c'è piú libertà perché la gente è meno chiusa. Però nello stesso
tempo c'è meno libertà pratica, perché se vuoi fare qualcosa non ce n'è
il tempo, capisci.

5   A miners' strike in Sardinia

Abbiamo assistito, nel bacino minerario dell'Iglesiente, ad uno sciopero
di minatori, tra i piú drammatici di questi ultimi anni. Fu nel settembre
del '61, dentro la miniera di San Giovanni. I minatori, chiusi in fondo
ai pozzi dal 24 agosto, rifiutavano di salire anche per una boccata d'aria.
Ogni tanto qualcuno sveniva, là dentro, e i compagni, allora, lo
prendevano tra la braccia, salivano sul gabbione dell'ascensore interno e
rimontavano alla superficie. 'Non ce la fa piú, portatelo all'ospedale',
dicevano gli operai consegnando il loro compagno inanimato agli amici
che sostavano alla bocca del pozzo. S'informavano: 'E l'accordo, è
firmato?' Gli amici facevano segno di no, che le trattative erano in corso,
che adesso ci s'era messo anche il Governo, anche la Regione, anche il
Vescovo, e che insomma bisognava portar pazienza. 'Va bene. Noi
torniamo giú. Non chiamateci se prima non avrete da darci notizia che
l'accordo è stato firmato'. E si calavano di nuovo nel pozzo.

Nelle prime settimane dell'occupazione, i minatori di laggiú
accettavano cibarie e rispondevano ai messaggi che discendevano con i
gabbioni. Ma poi li aveva colti una sorta di disperazione tetra. La loro
protesta non era piú soltanto contro la società concessionaria, la
Pertusola. 'La Pertusola fa i suoi affari. Ma voi — dicevano ai
sindacalisti — che cosa sapete fare?' Mandarono fuori dei pozzi quelli
della commissione interna. 'Lasciateci soli, voi non siete abituati a stare
nel fango e nel buio'. Con l'ascensore salì anche un messaggio di
scherno: 'Ma come fanno i deputati a trovar cosí in fretta le centomila
lire di aumento alla loro indennità e per noi non riescono a farci avere
mille lire di piú?' Cominciarono infine a rifiutare il cibo. Ritornavano
indietro intatte le ceste con il pane, il salame, le scatole di carne, i dolci.
'Non mandateci regali, mandateci il contratto'.

6   What the witness really saw — I

Detective   Dunque, quando lei è uscito col cane saranno state le undici, e il
portone era aperto.

Witness	Lo lasciano sempre aperto. E ormai, cosa vuole, lo lascio aperto anch'io . . .
Detective	Ma la porta del Garrone, non ha notato proprio, non sa proprio dirci se fosse già socchiusa o no? Perché questo, vede, è un dettaglio importante.
Witness	Lo so. Se era aperta, la cosa poteva essere già successa. Se no . . .
Detective	Appunto.
Witness	Ma purtroppo non mi ricordo. Non l'ho notato.
Detective	Va bene. Veniamo al suo rientro. Lei era arrivato fino al Lungopò.
Witness	Fino al Lungopò.
Detective	Era rimasto lì dieci minuti un quarto d'ora a far passeggiare il cane, poi era tornato su per lo stesso marciapiede.
Witness	Sí. Ma è stato dopo via San Massimo che ho incontrato . . .
Detective	Un momento. Vorrei che lei cercasse di farsi venire in mente tutto quello che ha potuto notare tornando verso il suo portone, anche prima di incontrare la persona di cui ci ha parlato.
Witness	Qualche macchina. In quel tratto ne passano poche, per via dei lavori più su, al Conservatorio. Però non posso dire di averci fatto particolarmente caso; badavo piuttosto al cane, che ogni tanto mi scende dal marciapiede e ho sempre paura che un giorno o l'altro . . .
Detective	Speriamo di no. E a parte le macchine?
Witness	Nessun altro. Cioè: davanti al bar verso via Calandra c'erano quattro o cinque di questi ragazzi . . . meridionali.
Detective	Ma quelli li abbiamo già sentiti: niente.
Witness	Ah, e poi, mi viene in mente adesso: ci sarebbero anche . . .
Detective	Sí?
Witness	Una donna anziana e un'altra donna che pareva la figlia, con un bambino in braccio. Il bambino piangeva e . . . Ma non credo che questo vi interessi.
Detective	Già. Effettivamente. E fino alla bionda uscita dal suo portone, niente altro?
Witness	No. Nient'altro. Però . . . voglio dire: non ho mica detto che era uscita dal mio portone?
Detective	Sí, certo. L'ha detto e ripetuto. Non è più sicuro?
Witness	No. Cioè . . . Insomma, è probabile, ma il fatto è . . . Ecco il fatto! Traversando via San Massimo non guardavo verso casa. Guardavo via San Massimo. Lei capisce . . .
Detective	Capisco benissimo.
Witness	Verso casa, ci stavo guardando un momento prima e sul marciapiede non c'era nessuno. Ci ho riguardato un momento dopo, e c'era quella donna che pareva uscita dal mio portone e che veniva giú dalla mia parte. Ma non è che l'abbia vista uscire con i miei occhi. Non so se mi spiego . . .
Detective	Si spiega perfettamente. Quando l'ha vista, a che distanza era dal portone?
Witness	Io?
Detective	La donna.
Witness	Pochi passi. E siccome l'altro portone è parecchio piú in su, ho pensato che fosse uscita dal mio. Ma come ripeto, non l'ho vista proprio con i miei . . .

19

Detective	L'altro portone quant'è distante, precisamente?
Witness	Una cinquantina di metri. Tra i due c'è l'istituto Capasso, che ha l'ingresso in via dei Mille.
Detective	Lei ha fatto bene a precisare. Ma di fatto, questo famosa bionda deve essere uscita di lì. Non sarà piovuta dal cielo.
Witness	A meno, che non avesse traversato la strada?

7 What the witness really saw — II

Detective	Vuol mettere qui il cappello? Dia, dia a me.
Witness	Grazie.
Detective	Dunque: l'abbiamo fatta venire per controllare ancora certi particolari relativi a quella bionda.
Witness	L'avete trovata?
Detective	No, non ancora. Ma abbiamo una prima traccia e per questo dobbiamo essere assolutamente sicuri su certi dettagli dell'abbigliamento. Per esempio: la borsa.
Witness	Mah . . . , era uno di quei grossi borsoni con la tracolla, un po' come un carniere. Senza frange, però. Arancione o rosso, non saprei di preciso.
Detective	Con la patta, o era di quelle aperte, a secchiello?
Witness	Con la patta.
Detective	Cosa c'era esattamente sulla patta? Lei ha detto . . .
Witness	Una stella, l'ho vista bene. La stella d'Italia. Bianca.
Detective	Ma si ricorda com'era, questa stella? Cucita? Stampata? O era di plastica, applicata?
Witness	Di plastica o di metallo non direi: non luccicava. Ma non era nemmeno stampata. Doveva essere di stoffa, cucita sulla stoffa della borsa, perché i bordi erano un po' arricciati. Ma sa, io ho notato bene soprattutto la sagoma, di quello sono sicuro: il resto . . .
Detective	E questa sagoma, non ce la vorrebbe disegnare?
Witness	Perché?
Detective	È molto importante. Non possiamo ancora dirle perché, ma le assicuro che da questo particolare dipende il futuro sviluppo delle indagini: siamo arrivati a una svolta.
Witness	Va bene, proverò. Ma saranno dieci anni che non prendo in mano un lapis. A parte che come disegnatore . . .
Detective	Però si tratta di una forma perfettamente geometrica, no? E visto che lei è geometra . . .
Witness	Proviamo, proviamo.
Detective	Comunque — non è che fosse un capolavoro neanche quella.
Witness	Lei non ha un doppio decimetro, per caso?
Detective	Eh, no . . . Le posso dare un'altra biro, o aspetti . . . ci dev' essere un tagliacarte, da qualche parte.
Witness	Lasci, lasci, posso far senza.
Detective	Perché era fatta male? Un po' storta?
Witness	Già, appunto. Le punte erano cinque, non sei come nella stella di Davide. Ma più lunghe, mi pare, di quelle che ha lo stemma. Ecco, più o meno così. Solo che . . .

20

	Non era ben regolare . . . le punte non erano tutte lunghe uguali . . .
	Quella di sopra . . . e anche questa . . .
Detective	Lei diceva che i bordi erano arricciati per la cucitura . . .
Witness	Già . . .
	Ma guarda che stupidooo . . . Ma guarda che roba . . .
Detective	E allora? Le sembra sempre la stella d'Italia?
Witness	Eh, no! Eh, no! È una stella marina! Ma cosa avevo per la testa, che non ci ho pensato subito? Vi ho fatto proprio un bel servizio!
	In buona fede, in buona fede, ma bisogna proprio esser ciechi, bisogna proprio essere . . .
Detective	Al contrario, lei ci ha dato una conferma molto precisa. C'è un'altra persona che ci ha parlato di una stella marina, ma è un testimone, come dire, non troppo attendibile, di cui non ci possiamo certo fidare come di lei.

8 Massacre of chamois in the Gran Paradiso National Park

Per la strage dei camosci del Gran Paradiso, compiuta sabato scorso da un gruppo di bracconieri mascherati, i carabinieri stanno svolgendo attive indagini sulla base della testimonianza di un guardiaparco, Franco Nicolussi di 29 anni. La scena è stata così ricostruita dal guardiacaccia:

'Ho sentito dei colpi e sono accorso. Ho subito visto i quattro bracconieri che scendevano a valle. Ciascuno di essi portava sulle spalle un camoscio come un collo di pelliccia; ho poi potuto constatare che erano tre femmine e un maschio Uno dei cacciatori di frodo aveva sulle spalle anche un sacco da montagna rigonfio (dentro c'erano tre piccoli di appena sei mesi). Quando ho visto sbucare i quattro uomini, ho estratto la pistola d'ordinanza, ma loro hanno imbracciato i fucili. Erano apparsi dietro una svolta e non erano a più di quattro o cinque metri da me. Siamo rimasti così, loro con i fucili puntati e io con la rivoltella spianata. Ci siamo fissati per tre o quattro minuti. Ero senza fiato . . .

Loro non dicevano una parola ed io ero riuscito soltanto a dire "alt", quando li avevo visti e stavo zitto anch'io. Poi hanno lasciato cadere a terra le bestie che avevano in spalla e quello che portava lo zaino se ne è liberato. Hanno incominciato ad indietreggiare lentamente, sempre tenendomi sotto il fuoco dei fucili e se ne sono andati. Allora sono corso a Pont ed ho chiamato altre guardie ed il capo guardiaparco. Abbiamo compiuto una battuta, poi sono arrivati anche i carabinieri, ma non c'era più traccia dei bracconieri.'

Il danno che i bracconieri hanno causato all'amministrazione del parco del Gran Paradiso è di oltre due milione e mezzo. Il professor Videsott, presidente della riserva, ieri ha voluto compiere un sopraluogo nella zona della strage ed ha poi disposto perché i camosci uccisi siano venduti.

Li ha acquistati un ristorante di Castellamonte, che ha esposto i quattro camosci adulti come trofeo per richiamare i clienti. Ma lo stesso albergatore non ha voluto appendere in vetrina i tre piccoli. 'Fanno troppa pena; prendevano ancora il latte' ha detto.

9   The misuse of intelligence tests

Journalist	Ci sono molti meridionali?
Psychologist	Direi proprio di sì, in una percentuale molto elevata, certamente.
Journalist	Ma, in sostanza, a che servono questi esami?
Psychologist	In genere questi esami vengono fatti ai ragazzi che 'disturbano', che 'creano confusione in classe', che non 'danno un buon rendimento'. E, in pratica cosa succede? Succede che la scuola, anche se non lo dice chiaramente vuole che tu influisca sulla famiglia o sul ragazzo stesso perché lui prenda la strada del lavoro invece di continuare a studiare. Addirittura ci sono dei casi in cui viene proprio esplicitamente detto: 'dato che al ragazzo mancano due mesi per compiere i quattordici anni, se fosse possibile invitare la famiglia a mandarlo a lavorare . . . '. Certo che le classi, specie in periferia sono molto numerose, e riesce difficile all'insegnante seguire i ragazzi che non s'inseriscono.
Journalist	E come avviene questa selezione?
Psychologist	Il ragazzo viene messo dopo i primi due o tre mesi, in fondo alla classe, perché lo si accusa di 'non rispondere', di 'disturbare'. Viene ignorato. In pratica si sa già da metà del primo quadrimestre che quello è destinato ad essere bocciato. Per esempio, io seguo una scuola centrale, una scuola media con un passato dal 'buon nome', che quindi tiene assolutamente alla selezione, dove in una prima media siamo stati chiamati perché su 28 alunni, 'almeno dodici' devono essere bocciati.
Journalist	E perché?
Psychologist	Dicevano: 'Ma cosa le sembra? Non sa neanche parlare l'italiano! Non è possibile!'. La mentalità è questa: quando l'immigrato va alla scuola media, nove volte su dieci è destinato alla ripetenza.
Journalist	E la questione più grossa è quindi quella della lingua?
Psychologist	Sì, direi assolutamente dell'italiano, per prima cosa. Io ricordo un ragazzino che dall'insegnante d'italiano veniva definito incapace, impreparato, lazzarone . . . poi la stessa insegnante di matematica ha riconosciuto che era quello che riusciva a risolvere certi problemi che nessun altro era in grado di risolvere. Nei test questo ragazzo ha fatto risultare un'intelligenza superiore alla media. La professoressa meno tollerata è appunto in genere quella di italiano. Mentre invece è più accettato quello di applicazioni tecniche, perché sono ragazzi che sanno districarsi molto bene nelle situazioni di vita concrete. Sono bravissimi a lavorare con le mani.
Journalist	Ma quindi c'è un atteggiamento ben preciso che tende ad escluderli?
Psychologist	Certo. Vengono proprio etichettati. E in genere tendono ad unirsi in atteggiamenti difensivi o aggressivi.
Journalist	Ti ricordi qualche storia, in particolare?
Psychologist	Mah, io sono rimasta molto impressionata da una signora che mi aveva portato qui suo figlio. Io stavo parlando con lei, normalmente, chiedevo del marito, ecc. E a un certo momento questa si è fermata, mi ha guardato con un' occhiata curiosa e mi ha chiesto: 'Ma voi, siete meridionale?'; e io ho detto: 'No, non sono meridionale', e lei mi ha risposto: 'Non è possibile, se no non ci tratterebbe così gentilmente'.

10 Napoleon on Elba

Anche quest'anno nel pieno della stagione estiva, a luglio ed a agosto, andare all'isola d'Elba nonostante l'intensificarsi dei collegamenti si è rivelato un grosso problema, ma ora con il mese di settembre e l'inizio del rientro nelle grandi città comincia il periodo più adatto per una visita anche breve alla meno sofisticata e mondana ma forse la più interessante sotto il profilo storico delle molte isole italiane. L'Elba è collegata alla terraferma con servizi regolari di navi e di aliscafi che partono da Piombino e da Livorno e arrivano a Portoferraio e a Porto Azzurro. Sull'isola esiste anche un piccola pista erbosa per aerei da turismo in attesa che si realizzi l'antico progetto di un vero aeroporto con servizi regolari per Roma e Milano. Negli alberghi e nelle pensioni sparsi su tutto il vasto territorio di quest'articolata e frastagliata propaggine della costa toscana vi è una disponibilità complessiva di circa 9,000 posti-letto. E tra campi di golf e di tennis, piscine, scuole nautiche e corsi di vela, sia gli sportivi che i sedentari non trovano certo tempo per annoiarsi. Ma soprattutto, l'Elba è l'isola di Napoleone e chi sbarca su queste coste, anche se all'inizio non ha altri interessi che i bagni di mare, non può fare a meno di venire a poco a poco coinvolto nel passato e nei ricordi napoleonici. Non occorrono del resto grandi sforzi o una particolare conoscenza storica perché a Portoferraio, alla Biodola e a Marciana Marina il nome e il fantasma dell'imperatore s'incontrano ad ogni passo, si respirano nell'aria.

Il rapporto tra l'Elba e Napoleone cominciò il 3 maggio 1814 quando l'Imperatore sbarcò a Portoferraio con una piccola corte. Disceso dalla nave salì con passo nervoso lungo l'acciottolato ripido delle strade tortuose e verso il Forte Stella e la Casa dei Mulini e subito fece sventolare sul pennone la bandiera improvvisata del suo nuovo minuscolo reame, tutta bianca con una banda trasversale rossa e tre api d'oro.

Visitando oggi la Casa dei Mulini è facile immaginare le sensazioni di quel primo incontro di Napoleone Bonaparte con la sua nuova residenza. Tutto infatti è rimasto quasi intatto. È una piccola casa di campagna con i mobili di una qualsiasi abitazione piccolo-borghese e un arredamento privo di lusso e di pretese. Niente ricorda lo splendore delle reggie, il fasto dei grandi palazzi parigini, la scenografia imponente dei giardini di Versailles e di Fontainebleau. L'unica realtà positiva è la grande terrazza da cui si domina il terreno, la sagoma della costa e uno strapiombo sul mare mentre sulle panchine di marmo seminascoste da una vegetazione fiorente è rimasta ancora impressa l'aquila imperiale, l'ultimo simbolo di una regalità ormai tramontata.

11 A delicate enquiry begun by a tactful detective

Detective   Comincia a far caldo, eh?

Witness   Ma la sera si gela. Pensi che ieri sera ero in collina dai miei, e abbiamo provato a cenare sul terrazzo. Sa che dopo dieci minuti abbiamo dovuto tornare dentro?

Detective	Eh, in collina, lo credo, lo credo, con tutti quegli alberi.
Witness	Appunto. È l'umidità, soprattutto. Te la senti nelle ossa.
Detective	Però, non dico che non mi piacerebbe viverci.
Witness	Eh, sí. D'inverno non c'è smog, e d'estate ci fa più fresco. Non che, personalmente, il caldo mi dia nessun fastidio.
Detective	Per questo, neanche a me. Anzi!
	L'ho vista scendere dal tassì, e ho pensato . . .
Witness	Non stavo più nella pelle dalla gran curiosità. Poi, cosa vuole, l'educazione ha preso il sopravvento, e mi sono detto che arrivando troppo presto potevo disturbarla.
Detective	Ma si figuri! Anche io ero impaziente di vederla . . . Ecco, passiamo di qui.
Witness	Ah, e a proposito, grazie infinite per il passaporto. Farà felice il mio amico impaziente.
Detective	Diomìo. Qualche volta l'impazienza è giustificata. Gente che veramente deve partire domani, ci sarà.
Witness	Già, ma per fare che cosa? Per andare dove? Possibile che nessuno sappia più starsene tranquillo un momento?
Detective	Eh . . . Eccoci qua.
	Non ho nemmeno una poltrona da offrirle. Lo Stato non spreca i soldi, con noi!
Witness	Ah, ma per carità, per carità . . .
Detective	Lei non può immaginare in che razza di difficoltà mi trovo.
Witness	In certi casi, la prima difficoltà è sempre quella di entrare in argomento. Non è vero?
Detective	Ah, l'ho pensato subito, che la cosa migliore era di rivolgermi direttamente a lei.
Witness	Per consiglio.
Detective	Sí . . . Appunto . . . Già.
Witness	Ma questo consiglio, non sarà piuttosto . . . un'informazione?
Detective	Sí e no. Cioè: si tratterebbe piuttosto, diciamo, di un . . . chiarimento . . . Il fatto è che si tratta di tutta una situazione . . . assurda, e nello stesso tempo delicatissima . . . in cui io, le confesso, rischio di farci una di quelle figure . . .
	Ecco. Guardi questa lettera. Tutto quello che le chiedo è di non ridere troppo e . . . di mettersi un momento nei miei panni.
Witness	L'ho letta ma non la capisco. Cioè, sí, so di che si tratta, ma . . . No. Non capisco proprio.
Detective	Neanch'io. E appunto per questo avevo pensato di chiedere a lei. Lei capisce.
Witness	Meno che mai. Perché? E poi . . . Ma come l'avete avuta?
Detective	Ecco, già questa è una cosa molto spiacevole. Noi di solito, la prego di credermi, non diamo il minimo peso alle chiacchiere dei domestici licenziati, ma . . .
Witness	Ah! . . . Ve l'hanno portata quei due?
Detective	Sí. Lei è al corrente? Marito e moglie. La signora Dosio li ha licenziati ieri sera. Stamattina sono venuti da noi con . . . quella lettera ed ecco in che situazione ci hanno messo.
Witness	Ma lei non vorrà dirmi . . . che l'avete presa sul serio?

24

12 Lipari: island of political exiles

Lipari è la migliore di tutte le isole in cui sono deportati gli oppositori al regime. Prima del fascismo, vi erano relegati i delinquenti comuni dichiarati incorreggibili. La zona riservata ai confinati era di un chilometro quadrato: attualmente è ridotta a poche centinaia di metri. Sentinelle e pattuglie sbarrano le vie d'accesso. Per cinquecento deportati prendevano servizio trecento agenti e militi fascisti. Attualmente vi sono cinquecento militi fascisti: dietro ogni deportato un milite. Solo pochi deportati, malati o con famiglia, possono abitare nelle case private: gli altri sono obbligati a dormire nelle caserme, dentro le mura di un antico castello. La popolazione simpatizza con i deportati, ma sono vietati i rapporti. In venti mesi, dal novembre cioè del 1927 all'agosto del 1929, io non ho potuto avvicinare che il medico. Il deportato deve vivere segregato dal mondo. I giornalisti stranieri che hanno visitato Lipari non hanno parlato che con gli agenti di polizia. Un giornalista americano, per il Natale del 1927, visitò l'isola espressamente per passare le feste con il suo amico deputato Morea. Gli fu vietato lo sbarco.

Il mare è continuamente guardato da barche, da motoscafi veloci della regia marina e da un canotto da guerra; su tutti vi erano riflettori e mitragliatrici; sul canotto c'è anche un cannone. Di giorno e di notte, ispezionano le coste. Il controllo sulle navi che approdano nell'Isola, è fatto colle norme del tempo di guerra. Tutti gli estranei che sbarcano nell'Isola sono sottoposti a perquisizioni personali.

I deportati sono tutti oppositori al regime, condannati in via amministrativa da una commissione fascista. Ve ne sono di tutti i partiti. Non mancano le rappresentanze tedesche dell'Alto Adige e degli slavi della Venezia Giulia. I deportati sono solo colpevoli di essere avversari del regime, non già di aver svolto qualsiasi attività contro il fascismo: in questo caso, il fatto costituisce sempre un delitto e cade sotto la competenza del Tribunale Speciale fascista: la pena va dalla reclusione alla morte.

Pochissimi sono quelli che dispongono di mezzi di sussistenza: anche gli agiati han perduto tutti i loro risparmi in tanti anni di persecuzione politica. Molti sono operai e contadini. L'Isola non consente impiego di mano d'opera che per una decina di specialisti. Tutti gli altri deportati debbono vivere con una indennità giornaliera data dal governo: 10 lire fino al 1931. Presentemente l'indennità è ridotta a cinque lire al giorno. Ai deportati che hanno con sé la famiglia non è concesso di più. Vitto, vestiario, biancheria, igiene e luce, per quanto limitati, non possono essere pagati con cosí piccola somma. L'economia è diventata un'arte che ciascuno coltiva con raffinati espedienti. Ma gli espedienti hanno un limite e la fame non si combatte con l'arte. Perciò la tubercolosi e la dissenteria sono le malattie dominanti nella colonia.

Per tanti deportati condannati all'ozio, uniche distrazioni erano i libri e gli 'sports'. Ora tutti gli 'sports' sono proibiti e i modesti circoli esistenti sono stati soppressi. L'unica biblioteca organizzata dai deportati fin dal 1927, è stata chiusa. Sui libri è esercitata una rigorosa

censura e sono ammessi solo quelli consentiti da una speciale polizia
fascista . . .

13   The origins of irrigated agriculture

Ma il problema di rendere abitabili territori paludosi piú estesi si
presentò a gran parte dell'umanità allora esistente verso la fine dell'età
neolitica, che nel vicino oriente va dal 3500 al 3000 avanti Cristo,
quando a seguito di un cambiamento di clima si verificò una prolungata
scarsità di piogge sulle praterie che dall'Atlantico si estendevano
attraverso le regioni mediterranee e la Persia fino all'Asia centrale.
L'uomo fu cosí costretto ad abbandonare le inaridite terre degli
altipiani dove già praticava l'agricoltura, e a scendere nelle vallate
fluviali del Nilo, del Tigri e dell'Eufrate nel Medio Oriente, e dell'Indo
nell'attuale Pakistan.

Le prime civiltà urbanisticamente organizzate ebbero origine in
queste zone proprio tra la metà e la fine del quarto millennio avanti
Cristo, prima delle dinastie storiche dell'Egitto e della regione compresa
tra il Tigri e l'Eufrate, oggi appartenente all'Irak, chiamata dagli antichi
Mesopotamia, che significa appunto 'terra tra i fiumi'. Questo periodo,
detto generalmente 'predinastico', fu caratterizzato da un immane
lavoro di drenaggio delle paludi e degli acquitrini adiacenti i grandi
fiumi delle vallate, per ricavare terreni adatti a costruire le abitazioni e
appezzamenti di terra idonei alla coltivazione.

14   Human energy: production and consumption

Per il semplice fatto di vivere noi consumiamo energia. Il nostro corpo
consuma energia per mantenere la sua temperatura a 37 gradi e consuma
energia per far lavorare i muscoli e il cervello. Un uomo adulto che stia
coricato, immobile, e che, senza pensare intensamente, lasci soltanto
vagare il suo pensiero qua e là, consuma ancora energia perché la sua
temperatura si mantenga a 37 gradi e perché si compiano nel suo corpo
quelle funzioni che sono indispensabili alla vita: ebbene, quest'uomo ha
bisogno, in un giorno, di circa 2000 calorie. Se si pensa che si chiama
'caloria' la quantità di calore che è necessario fornire a un litro di
acqua perché la sua temperatura s'innalzi di un grado, si può dire che
quell'uomo disteso, che lascia vagare pigramente il suo pensiero, ha
bisogno in un giorno di una energia circa pari a quella che bisogna
fornire a 100 litri di acqua affinché la loro temperatura aumenti di 20
gradi. La donna è piú modesta; infatti una donna che stia in assoluto
riposo, cioè sdraiata e senza pensare intensamente, si accontenta di
1400 calorie. Naturalmente non appena quell'uomo o questa donna si
alzano e cominciano a muoversi e a lavorare, aumenta il loro bisogno di
calorie: una lavandaia ha bisogno di piú di 3000 calorie al giorno, per
alcuni lavori molto pesanti un uomo può raggiungere le 6000 calorie e
un atleta, in periodi di particolare sforzo, supera le 7000 calorie al
giorno.

Per rifornirsi di questa energia l'uomo fa due cose: respira e mangia.

Ora se di aria ce n'è quanta se ne vuole, non si può dire altrettanto, purtroppo, per il nutrimento. Per molte popolazioni il nutrimento è insufficiente e questa insufficienza incide profondamente sullo sviluppo degli individui e della società.

15   The historical origins of the Olympic Games

Ogni quattro anni folle innumerevoli andavano in pellegrinaggio a Olimpia non solo per la curiosità di assistere a fatti sensazionali o per interesse puramente sportivo, bensí per un'intima esigenza che spingeva quegli uomini a voler contemplare da vicino, una volta almeno nella vita, la forza e la bellezza di una umanità ideale. Lo schietto ramo d'ulivo che coronava ad Olimpia il capo del vincitore esprimeva nel modo piú immediato l'aspirazione alla gloria che era lo stimolo piú potente che operasse sull'anima ellenica. Quella corona costituiva per il greco la felicità suprema che poteva toccare a un mortale. E poiché i vari stati greci mandavano ai giochi delegazioni ufficiali, Olimpia rappresentò il luogo di ritrovo di tutti gli elleni anche in tempo di guerra. Per tutta la durata dei giochi vigeva una tregua d'armi generale. Ciò permetteva agli appartenenti a stati tra loro nemici di stabilire rapporti amichevoli e scambiarsi delle opinioni. Pertanto, piú di ogni altra cosa, furono i grandi giochi a svegliare e a irrobustire negli elleni la coscienza nazionale.

16   Kangaroos

Chi giunge in Australia per lavoro o per diporto sa di dover subire prima o poi il fascino del canguro, simbolo stesso del continente e si fa un dovere di conoscerne la storia e le abitudini. Viene cosí a sapere che appena nato il canguro è lungo meno di 2½ cm., le dimensioni di un'ape, il corpo è semitrasparente come quello di un lombrico, con le sue manine si aggrappa alla pelliccia materna fino alla borsa compiendo di solito tutto il percorso da solo. Nei rari casi in cui ha bisogno di aiuto la madre lo prende delicatamente tra le labbra e lo ripone nel marsupio dove crescerà tutto solo in breve tempo.

Non appena collocato nella sacca il futuro canguro s'impossessa di una ghiandola del latte e vi si attacca con presa inamovibile.

A 4 mesi il piccolo ha già la sua pelliccia, è svezzato e comincia ad affacciarsi curioso dalla borsa nella posa prediletta dai caricaturisti. Quando la madre si ferma a pascolare il cangurino balza a terra e bruca per suo conto. A ogni segno di pericolo corre a rifugiarsi nella sacca e con un gran balzo viene portato al sicuro. Giunto a età adulta il canguro entra a far parte di un gruppo e diventa un provetto pugilatore.

I canguri sono molto socievoli: vivono in branchi che variano da 20 a 50 animali. Sono completamente vegetariani e pascolano per lo più al primo mattino, al crepuscolo o al chiaro di luna. Il giorno è dedicato al gioco e al riposo. Quale sia il gioco prediletto dei canguri è noto a tutti, ma chi ha assistito a uno di questi incontri di pugilato non può che rimanerne sorpreso, stupito, nonostante mille racconti che ne sono stati fatti.

17 Architecture and technology in the Middle Ages

Bisogna venire ai Comuni italiani per veder rifiorire, insieme con le loro litigiose e disordinate libertà, la cultura e le arti. Quelle città, che alimentavano tenaci odî tra di loro, avevano bisogno di forti mura per la difesa, e cosí si affermò l'architettura militare; e poiché le stesse rivalità volevano che ognuna di esse avesse piú bei templi che le vicine, e ogni nobile o arricchito il piú bel palazzo tra i concittadini, si ebbe quella spinta alle arti che non può andare disgiunta da un certo grado di perizia tecnica.

In quelle città gli artigiani furono tenuti in onore piú che non fosse nell'antichità; essi si riunirono in corporazioni per difendere i loro diritti, e svilupparono tutta una scienza meccanica. D'altra parte, un po' dovunque nel medioevo, la mancanza di quegli schiavi a cui si era ricorso nell'antichità per i lavori pesanti, fece volgere l'attenzione alle sorgenti naturali di energia. Le ruote idrauliche, già adottate per la macinazione dei cereali, vennero applicate alla lavorazione dei tessuti di lana, per azionare i magli, per dar fiato ai mantici delle officine, per segare, per muovere le mole da arrotare, per azionare laminatoi e trafile, per trarre acqua su dalle miniere. Anche i molini a vento ebbero diffusione per tutta Europa. Vennero perfezionate le bardature delle bestie da soma, e si imparò a ferrare i cavalli, rendendoli piú idonei ai lavori pesanti.

Questi modi di adoperare le energie naturali, con grossi ed artificiosi congegni, insieme con alcuni progressi conseguiti nella metallurgia del ferro, facilitarono l'avvento della macchina; un regalo che il Medioevo trasmise all'Evo Moderno. Con la macchina ha inizio un nuovo tipo di organizzazione del lavoro e altresí un nuovo rapporto sociale. La nuova organizzazione del lavoro è quella della fabbrica, dell'opificio; e il nuovo rapporto sociale è quello che corre tra l'imprenditore e l'operaio.

18 Where have all the fans gone?

Vincenzo Mombrini non è, come si dice, un personaggio. È semplicemente un giovane di 20 anni che dal suo paese, Arcene, in provincia di Bergamo, ha scritto una lettera ad un giornale, Tuttosport, nella quale si legge fra l'altro: 'Perché i giornali politici non dicono a chiare lettere questo: i calciatori di "A" e "B" prendo "tot" milioni all'anno, invece il lavoratore che manda avanti la nazione con la propria opera prende di media 2 milioni e mezzo all'anno. E ancora: perché i giovani non vanno piú allo stadio? E se ci vanno, sono pochissimi? Perché, innanzitutto, il biglietto costa caro, e poi perché fanno questo ragionamento: sono sfruttato tutta la settimana, e porto dei soldi a chi, per dar pedate a un pallone, prende milioni'.

Mentre i calciatori in ritiro per il campionato affrontano le prime partite di prova un intervento come quello del giovane lettore di Tuttosport dovrebbe indurre a qualche riflessione i responsabili dell'industria calcistica nazionale. Durante la stagione scorsa il calcio di serie 'A' ha perduto in Italia 750.000 spettatori paganti rispetto all'anno precedente. La sola Inter è stata abbandonata da 200.000 tifosi che prima andavano allo stadio. Le previsioni per la prossima stagione sono tutt'altro che rosee, anche fra gli stessi responsabili dello spettacolo della domenica.

I dirigenti di calcio italiani sono convinti che gli stadi si vuotano perché si gioca peggio di prima ed è per questo che insistono nel chiedere la riapertura della frontiera ai divi stranieri. Con l'aiuto di nuovi Sivori e Altafini, dicono, supereremo la crisi. Se leggessero la lettera scritta da Vincenzo Mombrini a Tuttosport i responsabili dei grandi club professionistici si renderebbero conto forse che la realtà è decisamente più complessa di quanto loro non pensino.

19 Tutankhamun's tomb

Il principale alimento alle fantasie che s'intrecciano intorno alla figura di questo faraone è rappresentato ancora oggi dalla vicenda che portò alla clamorosa scoperta. L'inglese Howard Carter, un uomo esile dai tratti volitivi, ne fu l'autore. Molto dotato per il disegno, a solo 18 anni giunse in Egitto al seguito di una spedizione di esperti; partecipò a numerosi scavi, copiò pitture murali, disegnò statue. E intanto imparava la lingua e gli usi locali.

Un vero colpo di fortuna fece incontrare Carter con un ricco uomo d'affari americano, Davis, che aveva ottenuto una concessione di scavi. Ma le ricerche si protrassero per oltre 10 anni senz'alcun risultato concreto. Soltanto alcuni brandelli di vesti recanti impresso il sigillo reale del mitico faraone erano venuti alla luce e, sebbene per il ricercatore inglese si trattasse di un sicuro indizio, il finanziatore americano abbandonò l'impresa.

Nel 1914 un altro fortunato incontro, non con un uomo d'affari questa volta, ma con un ricco appassionato, Lord Carnavon. Prima che i due potessero mettersi al lavoro, scoppiò la guerra mondiale. Perciò fu soltanto nel 1917 che un autentico lavoro di scavo poté essere ripreso. Tra delusioni e amarezze Carter fu talvolta preso dallo scoramento e stava quasi per abbandonare l'impresa quando un mattino, giunto nei pressi delle baracche degli sterratori, notò un'insolita animazione. Prima di sera vennero portati alla luce 12 gradini che scendevano a una porta. Lord Carnavon giunse immediatamente da Londra e si procedette all'ultimo e più importante atto della scoperta.

La tomba, che consisteva in 4 vani scavati nel fianco della rupe era praticamente intatta. La camera funebre, guardata da 2 sentinelle — 2 statue nere di uomini di grandezza naturale poste l'una di fronte all'altra — era inviolata e conteneva la meraviglia delle meraviglie: 4 cappelle di pannelli di legno con foglie d'oro una dentro l'altra, contenenti un sarcofago di quarzite, fatto di 3 casse, di cui la più interna, d'oro massiccio, racchiudeva l'esile corpo del faraone diciottenne, il viso coperto da una grande maschera d'oro, triste, ma serena. Ma ciò che rendeva veramente unica quella tomba era la sovrabbondanza di gioielli di finissima fattura, mobili, vestiti, belletti, armi; era, in piccolo, un perfetto campionario della vita quotidiana in Egitto 3300 anni prima della nascita di Cristo.

Quando 5 mesi dopo la scoperta il lord inglese che aveva finanziato l'impresa morì, i giornali scrissero che nella tomba era stata rinvenuta una iscrizione in cui si prediceva che la morte sarebbe venuta 'su rapide ali' per chiunque avesse profanato la sepoltura. Lord Carnavon era dunque stato la prima vittima. Carter smentì energicamente quella che definì una favola e continuò a smentirla finché visse, per altri 16 anni. Ma, poiché nei 7 anni successivi alla scoperta morirono 12 persone che avevano partecipato agli scavi la leggenda entrò definitivamente a far parte della storia di Tutanchamun, il faraone che riposa in quella che forse è la più bella tomba dell'Egitto.

20   Attempted gaol-break at San Gimignano — I

Tutto cominciò alle 16.00 di sabato con l'arrivo di un pacco nel parlatorio del carcere di S. Gimignano. Il pacco, come vuole la regola, fu aperto dagli agenti di custodia in presenza dei destinatari, appunto i due detenuti Saverio Turrini e Renato Mistroni. C'erano dentro al pacco 3 pistole che i 2 detenuti afferrarono prontamente e puntarono contro gli agenti, prendendoli poi in ostaggio insieme al loro comandante il Maresciallo Pillone. Da quel momento, mentre scattò l'allarme che faceva giungere a S. Gimignano ingenti forze di polizia, agenti, carabinieri, guardie di finanza, della polizia stradale, vigili del fuoco, cominciò la lunga snervante fase delle trattative.

I 2 rivoltosi pretendevano giubbotti antiproiettile, caschi protettivi, auto veloci e, naturalmente, la garanzia di salvarsi. Dall'altra parte i magistrati, i comandanti delle forze dell'ordine cercavano di prendere tempo mentre attorno al carcere si appostavano i tiratori scelti con le loro carabine di precisione. Trattative lunghe, abbiamo detto, e snervanti con l'alternanza di speranze e di sgomento, con alternanze di voci spesso contrastanti, con allarmi che venivano dati ogni tanto in quanto sembrava che da un momento all'altro i rivoltosi con gli ostaggi dovessero uscire dal carcere.

Da Torino ha telefonato Giuliana Cabrini, segretaria della Lega per i diritti civili nelle carceri e aderente al Partito radicale. Ha parlato con i detenuti e si è fatta promettere di aspettare il suo arrivo. Ma la sua mediazione non è servita a niente. I 2 detenuti non l'hanno accettata. Il Turrini ha perfino cacciato la donna in malo modo. Poi è fallita anche la mediazione del padre di Mistroni, cui abbiamo già accennato in apertura. A questo punto i rivoltosi hanno cominciato a fare altre richieste. Ogni tanto cambiavano. Hanno voluto anche i giornalisti: una delegazione di colleghi si è recata in carcere, ha parlamentato a lungo ma senza risultati.

21 Attempted gaol-break at San Gimignano — II

Già al mattino i 2 rivoltosi avevano cominciato il dialogo con i
giornalisti. Eravamo andati ad ascoltare le loro nuove condizioni per
poi riferirle ai magistrati che conducevano la inchiesta. Al mattino
aveva parlato il Mistroni e, confesso, mi è parso abbastanza disponibile.
Avevamo stabilito quasi un dialogo con lui. Aveva detto che per le 14.00
la situazione doveva in tutti i modi risolversi in un modo o nell'altro.
Nelle prime ore del pomeriggio i rivoltosi chiedono ancora dei
giornalisti. Siamo ormai rimasti soltanto noi: l'unico collegamento tra i
magistrati che dirigono le operazioni e i detenuti. Dalla solita finestra si
presenta questa volta il Turrini. Anche lui appare disponibile al dialogo.
Un piccolo volto fra le inferriate, appare normale e non mi sembra il
pericoloso paranoico che ci hanno descritto.
    Sappiamo che è un delinquente. Il suo passato, i numerosi reati
commessi non lasciano dubbi in proposito. Pare, però, impossibile che
non si possa stabilire un rapporto con lui.
    Stanco, come tutti noi, teso per l'incertezza e l'esito dell'avventura
che lo vede protagonista. Tentiamo di essere persuasivi, di non irritarlo.
Parlo io: gli dico — Che cosa chiedi ora?
Usiamo il dialogo anche per intuire se i banditi hanno un piano.
    Alla finestra dietro le grate si delinea questa volta il volto di Mistroni.
Intima:
— Via tutti i carabinieri e le guardie dalla strada!
Propone uno scambio di ostaggi: i giornalisti e un magistrato devono
prendere il posto delle guardie carcerarie. Torno nuovamente a riferire
ai magistrati. Poco dopo sono di nuovo nel cortile del penitenziario con
4 colleghi.

22 Attempted gaol-break at San Gimignano — III

Riferisco a Mistroni che i magistrati chiedono da parte dei rivoltosi una
prova di buona volontà: il rilascio di almeno 4 guardie. La risposta del
delinquente è questa volta dura e decisa:
— Ora basta! dice, e tenendoci sotto la minaccia della pistola, ci grida:
— Non muovetevi o siete morti! Se non viene qua il giudice, vi ammazzo
tutti quanti siete!
    Quasi subito arriva il dottor Margara e il pretore di Poggibonsi,
Chini. Il detenuto, sempre più agitato e protervo, intima alla guardia
carceraria di chiudere il cancello e di gettargli le chiavi alla finestra. È
impossibile non obbedire. Ci sono 3 pistole puntate.
    Sono minuti, ma sembrano ore. È chiaro che i nervi dei rivoltosi stanno
saltando. Ogni movimento può rappresentare una fatale imprudenza.
    Sentiamo Mistroni che ordina a Turrini che fino allora non avevamo
scorto:
— Vai giù e portali su.
Turrini poco dopo in cortile con 2 grosse pistole in mano. Rivolto al
complice richiede:

— Chi vuoi?

— Prima i magistrati, poi i giornalisti.

Con le armi puntate, ci avviamo verso l'interno del carcere. È questa la prima volta che i 2 banditi si mostrano contemporaneamente allo scoperto — il momento atteso da 24 ore da chi ha la responsabilità di reprimere la rivolta. I tiratori scelti aprono il fuoco in quel momento.

Dall'esterno si sente battere contro le porte. Sono carabinieri e polizia che stanno sfondando. Fra i primi, con la pistola in mano, entra in cortile il Colonello Bertuzzi, comandante della polizia stradale. Ci guardiamo e ci abbracciamo. L'incubo è finito.

23 The problems of immigrant children in the schools in Milan

Psychologist Direi che i problemi fondamentali di questi ragazzi sono quelli dell' inserimento. Loro trovano una grossa difficoltà ad inserirsi. Anche perché la famiglia stessa, spesso è rifiutata. Si ritrovano soli, e vengono magari da posti dove la vita comunitaria era molto forte. Questo rifiuto che la famiglia avverte intorno a sé, si riverbera sui ragazzi. I ragazzi arrivano a scuola già con questo senso di essere 'diversi' dagli altri. Nella maggior parte dei casi questi ragazzi si portano dietro un tipo di cultura che non corrisponde a quello che la 'scuola si aspetta': magari non parlano bene l'italiano, non sanno le 'doppie'. E si creano dei blocchi, tra quest'attesa dei professori e questi ragazzi, che sentono che quello che loro dicono viene rifiutato, o deriso.

Journalist Puoi farmi qualche esempio?

Psychologist Posso fartene uno. Un ragazzo era finito alla scuola speciale. E come c'era finito? Arriva dalla Calabria, viene inserito in un paese dell'hinter-land milanese. Le prime volte, quando l'insegnante gli chiede il nome delle cose, che ne so, di una penna, di un tavolo, lui risponde nell'unica lingua che conosce: il suo dialetto. La maestra si mette a ridere. Poi la maestra indica un altro oggetto, e lui ancora ne dice il nome nel suo dialetto. L'unico strumento che ha a disposizione. Questo succede una volta, due volte, tre volte, la quarta volta, naturalmente, il bambino, che si rende conto di diventare il pagliaccetto che fa ridere gli insegnanti, si rifiuta di parlare. Poi oltre che a rifiutarsi di rispondere comincia a dare calci, a buttare all'aria le cose. Ha una reazione aggressiva, insomma. A questo punto viene segnalato per le classi speciali.

Journalist Ma scusa, chi lo segnala? La maestra che lo prendeva in giro?

Psychologist Sí. La stessa maestra e la direzione didattica. In questo modo viene immesso nelle scuole speciali. In realtà, a mano a mano che il ragazzo si rassicura, acquista un minimo di fiducia, si rivela un ragazzo intelli-gentissimo, che si esprime in modo meraviglioso attraverso il disegno.

Journalist Ma questo non potrebbe essere il risultato di una maestra un po' matta, o eccessivamente razzista?

Psychologist No, guarda, questo è veramente un esempio tipico. Perché le altre insegnanti magari non rideranno, ma l'atteggiamento di rifiuto verso questi ragazzi è talmente forte che porta, quasi inevitabilmente a con-clusioni simili: bocciature, classi differenziali, ecc. Quindi questi ragazzi, non trovando nessun interesse nella scuola, diventano apatici,

	non parlano quasi mai, hanno lo sguardo assente, oppure diventano aggressivi verso gli altri ragazzi.
Journalist	Quindi secondo te il problema piú grosso è quello della scuola? Perché invece con me i ragazzi parlano molto del verde. Si lamentano sempre che non hanno posti per giocare.
Psychologist	Beh, indubbiamente questo è un altro grosso problema.
Journalist	Rispetto al sud, la prima cosa che viene loro in mente è proprio lo spazio, il sole, il mare . . .
Psychologist	Certo, poi in questi grossi casermoni spesso ci sono degli orari assurdi per i giochi. Direi che però un altro grosso problema è quello della famiglia. Hanno delle grosse difficoltà in famiglia, e la scuola aggrava questa difficoltà. Infatti la scuola pone i genitori nella condizione di dover risconoscere un 'fallimento' del figlio. Cosí l'unico intervento che essi fanno sui figli, quando vengono chiamati dalla scuola che denuncia il cattivo 'rendimento' dei ragazzi, è un intervento di tipo repressivo.

24 The problem of forest fires in Italy

Come avviene sempre nella stagione calda, anche quest'anno l'Italia è stata colpita da numerosi incendi, sia di boschi che di campi. Ogni anno che passa il fenomeno assume per tutti noi un rilievo maggiore e i mezzi di informazione che raggiungono via via un numero sempre più grande di persone danno al problema un risalto notevole a motivo della sempre più diffusa sensibilità ecologica. Facilmente ci si imbatte durante i viaggi e i trasferimenti estivi nella vista di un incendio, o quanto meno in quella di una lontana colonna di fumo. Secondo le statistiche il fuoco avrebbe distrutto nell'ultimo decennio oltre 400.000 ettari di bosco, alla media di 30.000 all'anno nel primo quinquennio e di 50.000 nel secondo, mentre ogni anno vengono rimboschiti circa 25.000 ettari di terra. Queste cifre sembrano le più attendibili, anche se ne sono state diffuse di ben più pessimistiche. È dunque ragionevole affermare che il nostro patrimonio boschivo, stimato in 6.000.000 di ettari alla fine del 1973, diminuisce solo a causa del fuoco di circa un calo di 0,4% circa l'anno e che ci occorrebbero, di questo passo, 240 anni per rimanere senz'alberi; notiamo invece che la superficie boschiva rappresenta solo il 20% del territorio nazionale contro, per esempio, il 25% della vicina Francia, mentre ne occorrebbero ben di più sia per motivi idrogeologici che climatici.

Fino a pochissimi anni fa un ragionamento valido sarebbe stato questo: poiché il patrimonio boschivo non vada depauperato, sostituiamo il legno, ovunque possibile, con la plastica e il metallo. Oggi al contrario si dice: le materie prime minerali sono in via di esaurimento e ben poco può essere recuperato dopo l'uso. Invece il legno è una risorsa rinnovabile, perché nuovi alberi possono essere piantati. Dunque, impieghiamolo a patto che i boschi vengano di pari patto ricostituiti.

Naturalmente una simile politica richiede per l'applicazione pratica una grande oculatezza. La domanda del legname già oggi supera spesso l'offerta e ciò conduce a diboschimenti più vasti del corrispondente rimboschimento. Se un fatto simile dovesse diventare cronico sarebbe il disastro ecologico. Bisogna dunque fare ogni sforzo e impegnare grossi capitali per mantenere costante l'area delle superficie boschive ed anzi accrescerla, tenuto conto del fatto che si abbattono spesso piante secolari mentre le nuove impiegano da 10 a 30 anni per raggiungere dimensioni apprezzabili.

25   Interview with the parish priest in a village near Milan

Journalist	Qui c'è molta immigrazione?
Priest	Nel 55 questo paese aveva sí e no un migliaio di abitanti, forse meno. Oggi, ne ha diecimila, in realtà sono molti di piú. Io come prete, ad esempio, ho delle enormi difficoltà.
Journalist	E perché?
Priest	Mah . . . innanzitutto è già difficile far credere a cose che possono sembrare della favole. Ma poi questa difficoltà cresce di fronte a ragazzi di questo tipo. Questi ragazzi hanno una religiosità diversa. Piena di tabù legati a tutte le loro tradizioni. Ed io dovrei prima staccarli da questo tipo di religiosità e poi avviarli su una strada moderna. Ma tutto questo mi fa spostare il centro del mio discorso non tanto sui problemi religiosi, ma su quelli di ordine sociale, economico e politico.
Journalist	E questo è un guaio?
Priest	No, anzi è giusto. Ma prima devi fargli vedere questa società com'è veramente. E invece questi ragazzi spesso vedono in questa società maggiori possibilità di liberazione rispetto a esperienze precedenti. La macchina, una casa decente ecc. E molto spesso, quando dico che Gesù non vuole che tu ti adagi sulla macchina bella e cosí via, la loro prima reazione è di rifiuto. Chiaro e netto.
Journalist	Capisco.
Priest	Magari sbaglio io a non partire dai loro concetti, da concetti comuni. Sto molto riflettendo su questo tema. Sono andato anche al sud, nei loro paesi d'origine per capire quali sono gli elementi di base, comuni, che permettono di svolgere un discorso al loro livello, un discorso che sia il loro.
Journalist	E le famiglie come reagiscono?
Priest	Mah, la prima reazione delle famiglie è di liberarsi di una serie di regole religiose che avevano giú. Però i rapporti personali, nella famiglia, rimangono saldamente ancorati a quegli schemi.
Journalist	Per esempio?
Priest	Per esempio una volta una famiglia fu sollecitata a sottoporre il bambino ad un trattamento dal medico scolastico. La madre si rivolse a me. Io dissi che era giusto portarlo a questo trattamento. Ma quando il padre, che per caso non era stato avvisato, venne a sapere tutto questo, successe un quarantotto. Diceva che la scuola si dovrebbe solo interessare dello studio. Il bambino era suo.
Journalist	E che tipo di reazione c'è da parte dei ragazzi a quest'autoritarismo?
Priest	Fortissima. I ragazzi non accettano piú di essere trattati secondo schemi che ai loro occhi appaiono superati.
Journalist	E contrasti tra i giovani immigrati e gli altri ce ne sono?

Priest   Nei primi tempi sí, botte da orbi. Ma ora la cosa non è piú cosí appariscente.

Journalist   E il dialetto, secondo te, ha un'incidenza in questo contrasto?

Priest   Sí, certamente, ma è una delle cose che si superano piú facilmente.

Journalist   Una ragazza di qui mi parlava di alcune esperienze interessanti. Mi diceva che per prepararasi alla cresima, qui portate i ragazzi a visitare le fabbriche.

Priest   Certo. Adesso è piú difficile, perché c'è il rinnovo contrattuale, e nelle fabbriche arricciano il naso. Ma prima li ho portati, certo. Facevo questo discorso: 'adesso tu incominci ad aprire gli occhi sulla realtà. E la prima realtà che ti circonda è il lavoro. Perché tuo padre conduce questa vita? Perché deve lavorare otto ore al giorno e magari in piú gli straordinari e cose del genere? Che tipo di lavoro fa, tuo padre? Andiamo a vedere che lavoro fa, e forse capiremo che tuo padre non lo fa perché gli piace ma per altri motivi.'

26   Colour photocopying is here

La circolazione delle informazioni subirà un ulteriore impulso con l'introduzione del nuovo processo di fotocopiatura policromatica, in quanto l'uso dei colori conferisce ai documenti un maggior risalto ed una piú grande facilità d'assimilazione. Non solo, ma con le moderne fotocopiatrici che incorporano fascicolatori automatici e che sono in grado di stampare anche sul retro della pagina, sarà possibile produrre rapidamente giornali aziendali e rapporti, anche perché i documenti possono essere trasmessi per telefono e fotocopiati con una macchina collegata all'apparecchio ricevente.

Le tecniche di fotocopiatura, negli ultimi anni, hanno fatto notevoli progressi: dai primi duplicatori a processo umido, si è passati a quelli su carta termosensibile, ma in questi casi era sempre necessario accoppiare il documento con un negativo e poi stamparlo per contatto su carta speciale, cosí come si fa per le fotografie.

L'introduzione del sistema fotostatico ha consentito un'ulteriore diffusione della copiatura a secco, perché con questo metodo si possono riprodurre i documenti su carta comune, con evidenti vantaggi di ordine economico e di uniformità. Il processo fotostatico, il cui principio di funzionamento è molto semplice, si basa sul noto fenomeno della fotosensibilità del selenio e non richiede che l'originale venga a contatto con la copia.

Le fotocopie a colori si producono con lo stesso sistema fotostatico, applicato al concetto di riproduzione in tricromia. La macchina, che può anche riprodurre fotografie, usa tre inchiostri in polvere di diverso colore, rosso magenta, giallo e blu chiaro che, sovrapposti, possono riprodurre originali sino a sette colori. Naturalmente occorrono tre passaggi diversi e questo aumenta leggermente il tempo di produzione della copia.

La velocità di riproduzione varia, ovviamente, con il numero dei colori da riprodurre perché è possibile selezionare uno o due colori di base ed ottenere copie in monocromia o in dicromia.

27 The problem of juvenile delinquency among southern immigrants to the North

Journalist Intervistiamo il giudice D'Orsi, Presidente del tribunale dei minorenni di Milano. Signor giudice, qual è, secondo Lei, il motivo fondamentale del disadattamento degli immigrati giovani?

Judge Certo, il disadattamento deriva innanzitutto da un fattore originario che consiste nel fatto che gli immigrati in genere, appartengono alle famiglie meno qualificate della popolazione. Meno qualificate anche sul piano culturale, morale. Tant'è che si tratta di coloro che sono stati emarginati e scartati dalle poche occasioni di lavoro che la loro terra offre. Una volta al nord, queste famiglie hanno fame soprattutto di lavoro, di occasioni di lavoro. E per la verità le occasioni non mancano, salvo nei momenti di crisi. E l'immigrato non solo trova lavoro per sé, ma trova anche lavoro che non s'aspettava per la moglie, per i figli. La gran fame e sete di occasioni di lavoro che hanno li induce ad accettare queste come il bene maggiore. Mi riferisco ai migliori, non a quelli che vengono per darsi ad azioni delittuose, naturalmente. Però in questa maniera non si rendono conto che il dirottare verso un lavoro a tempo pieno tutti i componenti piú adulti della famiglia, costituisce un danno gravissimo per i piú piccini. Gli adolescenti si trovano esposti a pericoli che nei loro paesi d'origine non s'immaginavano nemmeno. Non che non esistessero questi pericoli al sud, solo che erano ostacolati da quella vigilanza collettiva esercitata dal paese.

Journalist Che tipo di lavoro trovano, in genere, questi immigrati?

Judge Dio mio, in genere sono lavori umilissimi. Spessissimo il capofamiglia trova lavoro come manovale muratore. La madre trova lavoro come domestica ad ore, la figlia adolescente trova magari da servire alla mensa dello stabilimento industriale. Tuttavia per una famiglia per cui il problema del pane era un problema gravissimo, tutto ciò diventa una ricchezza ambita perché in definitiva non commettono . . . anzi lavorano, non commettono nessun atto che sia di disonestà. La questione è che se il ragazzo esce da scuola e si trova di fronte chi gli offre la droga, non c'è nessuno che vigili su di lui. Poi c'è il desiderio . . . comprensibile, ma stavolta illecito, di raggiungere nel minor tempo possibile i beni maggiormente appetibili.

Journalist La percentuale di immigrati che lei deve giudicare è molto alta?

Judge Io contesto che i meridionali siano piú propensi ad azioni delittuose rispetto agli altri. Solo che queste famiglie, provenendo dagli strati piú poveri, meno colti, o meno educati, una volta giunti in un ambiente ostile, si possono indurre piú facilmente alla criminalità, a meno che non trovino un apparato poliziesco duro e punitivo, come accade per gli italiani all'estero, un apparato che li dissuada. Ma se ci fosse l'emigrazione dal nord al sud le cose non cambierebbero. Perché ad emigrare sarebbero sempre gli strati piú poveri.

Journalist Lei parla anche con questi ragazzi? Quali sono i problemi maggiori che si trovano di fronte questi giovani? Ha parlato di 'ostilità di questa società'.

Judge   Mah, non è che quest'ostilità sia cosí accentuata. Io stesso sono venuto
          qui trent'anni fa e non ho sentito quest'ostilità.
Journalist Ma lei parla con questi ragazzi? Quali sono i problemi maggiori?
Judge   Si trovano di fronte a delle difficoltà. Il trapiantare una persona da un
          luogo all'altro è pur sempre un danno . . . per cosí dire all'ecologia.
          L'emigrazione degli abitanti di un quartiere che vengono costretti a
          vivere in un altro quartiere periferico. Il 'trapiantato', anche quando si
          trapianta in condizioni di sicurezza economica e di tranquillità, è pur
          sempre un trapiantato.
Journalist E la scuola come agisce su tutto questo?
Judge   La scuola oggi si limita a dare ai ragazzi una serie di nozioni culturali,
          che ci vogliono, perché il lamatore, ad esempio, deve sapere la
          geometria, o il postino deve conoscere la geografia. Ma quello che la
          scuola non dà è formazione umana dei ragazzi. La scuola non riesce a
          trasformare un ragazzo grezzo, che viene spesso da una famiglia
          diseducativa, in un uomo onesto, che sappia guidare il comportamento
          dei famigliari.

28   Even mineral waters grow old

Anche le acque minerali come gli uomini risentono del passare del
tempo e quando invecchiano si vede: gli effetti sono o la scomparsa di
sostanze dichiarate o la presenza di sostanze che non erano state
rilevate all'analisi iniziale quando la fonte dalla quale sgorgano era stata
considerata 'buona' da ogni punto di vista, per essere sfruttata,
imbottigliata ed immessa sul mercato.

Questo è quanto emerso dal Congresso internazionale sulle acque
minerali, svoltosi a Roma, tendente ad elaborare una normativa in sede
nazionale ed internazionale, sulla batteriologia ed altri problemi delle
acque minerali. In effetti le alterazioni di queste possono essere diverse,
alcune dannose alla salute, altre al portafoglio del consumatore il quale
beve per anni, ad esempio, un' acqua minerale curativa e piú cara della
altre e successivamente un'analisi rivela che quell'acqua non contiene
piú i sali che giovavano ad un certo disturbo ma ne contiene altri o altre
sostanze che servono per curare tutt'altro o addirittura per non curare
niente.

Nelle acque minerali naturali si verifica poi un altro fatto importante
e spesso sconosciuto dal pubblico: queste acque contengono naturalmente microbi tellurici che la pastorizzazione non riesce completamente
ad eliminare (ne restano e sono tollerati al massimo 1 o 2 per un milli-
metro cubo di acqua). Quando l'acqua resta ermeticamente
imbottigliata, e non essendoci quindi altri pericoli di contaminazione,
in presenza degli stessi sali minerali i microbi tellurici si moltiplicano,
poi decrescono ed infine muoiono.

Se un magistrato ad esempio ordina una inchiesta nel momento in
cui i microbi stanno moltiplicandosi, scoppia un vero e proprio puti-
ferio.

Come uscire da questo caos e difendere il consumatore? Innanzitutto devono essere modificate le attuali etichette delle bottiglie che riportano i risultati di analisi effettuate nella maggior parte dei casi dieci o vent'anni fa per acque minerali che sgorgano da fonti intorno alle quali si è modificato il tessuto urbano (insediamenti con fognature a poca distanza da esse) o agricolo (a causa dell'uso dei diversi concimi) e che hanno subìto indubbiamente una alterazione nella composizione.

Occorrono inoltre controlli sistematici (almeno ogni due anni) che debbono essere effettuati con analisi periodiche da laboratori creati negli stessi stabilimenti e con un controllo ulteriore dei laboratori provinciali e comunali.

L'acqua minerale deve dichiarare la sua età altrimenti può accadere che si verifichino sorprese che vanno a danno di tutti, consumatori, produttori e commercianti.

29 Interview with P. Carniti, the Trade Union leader

Journalist	Lo sa che siete stati di nuovo accusati di aumentare la crisi economica?
P. Carniti	In un certo senso il governo ha ragione. È vero infatti che con questo accordo sulla contingenza abbiamo ottenuto molto. Il governo ha creduto di poterci far star zitti, e di contenere gli aumenti al 18−19%, e invece arriveremo al 27−29%. Il governo dovrà fare i suoi conti, dovrà cambiare qualcosa.
Journalist	Non pensa che forse, era meglio essere piú prudenti, cioè chiedere di meno?
P. Carniti	A questo proposito, ci sono state molte discussioni fra noi. Ci avevano proposto di scegliere tra le lotte per maggiori salari, e le lotte in difesa dell'occupazione. Personalmente, io ho sempre rifiutato questa falsa alternativa, e i fatti mi hanno dato ragione anche ora.
Journalist	Perché la considerate falsa, questa alternativa?
P. Carniti	Perché, se si prende in considerazione che cosa forma un'economia si vedrà che la domanda interna è la componente maggiore, almeno qui da noi. Questo vuol dire che una lotta per il mantenimento dei salari — ha visto che noi abbiamo insistito per mantenere la contingenza? — diventerà subito anche lotta perché la domanda interna rimanga forte, e perché si eviti una recessione drammatica.
Journalist	Sono parole dure, signor Carniti: comunque, mi può confermare che questo ci metterà fuori pericolo, o per lo meno, che la nostra economia si salverà?
P. Carniti	Non mi sembra il momento di fare dei trionfalismi inutili, né per noi sindacalisti, né per loro del governo o dell'industria. Se abbiamo raggiunto un' intesa con la Confindustria, non è che questo metta in moto automaticamente nuovi investimenti.
Journalist	Sta forse per dirmi che adesso si aprirà la fase della lotta per le riforme?
P. Carniti	Per carità. Se Le dicessi una cosa simile, sarei un ingenuo. Lo sa che sono stati spesi cinque anni di lotte a questo scopo, e Lei che ne dice, non Le sembra che i risultati siano piuttosto scarsi? Questa volta bisognerà cambiare pagina, e puntare su quattro o cinque obiettivi seri e concreti. Ma su questi insisteremo fino in fondo.

Journalist	Ma credo che Lei sappia che il governo si lamenta che dopo il vostro accordo non c'è più spazio per pilotare l'economia fuori dalla crisi.
P. Carniti	Questo qui è proprio uno di quei discorsi che non vogliamo più sentire. Sono dieci anni che l'unico strumento di politica economica che funziona in questo paese è quello monetario. E intanto il governo continua a dire che bisognerà bloccare la spesa pubblica. Il problema, diciamo noi, non è quello della dimensione della spesa pubblica, ma è sempre stato, è adesso e continuerà ad essere, quello dell'uso che si fa di questa spesa pubblica.
Journalist	Quindi il prossimo bersaglio dei sindacati sarà proprio la macchina dello Stato?
P. Carniti	Sí, certamente. Se non si insiste con questo, siamo finiti. Da questa crisi si esce soltanto favorendo l'accumulazione e l'investimento pubblico. È vero che bisogna essere più rigorosi con lo strumento fiscale, ma soprattutto bisogna espandere certi investimenti pubblici, e cioè quelli che meno dipendono dall'estero o che possono aiutarci a dipendere meno: agricoltura, trasporti, edilizia, energia elettrica. Insomma, lo Stato dovrà funzionare.

30 Piero Calamandrei speaks to students about the spirit of the Constitution

L'articolo 34 della Costituzione dice: 'I capaci e i meritevoli, anche se privi di mezzi, hanno diritto di raggiungere i gradi più alti degli studi'. Eh! e se non hanno mezzi? Allora nella nostra Costituzione c'è un articolo ch'è il più importante di tutta la Costituzione, il più impegnativo, impegnativo per noi che siamo al declinare, ma soprattutto per voi giovani che avete l'avvenire davanti a voi. Dice cosí: 'è compito della Repubblica rimuovere gli ostacoli di ordine economico e sociale, che, limitando di fatto la libertà e l'eguaglianza dei cittadini, impediscono il pieno sviluppo della persona umana e l'effettiva partecipazione di tutti i lavoratori all'organizzazione politica, economica e sociale del paese'. È compito della Repubblica di rimuovere gli ostacoli che impediscono il pieno sviluppo della persona umana. Quindi, dare lavoro a tutti, dare una giusta retribuzione a tutti, dare la scuola a tutti. Dare a tutti gli uomini dignità di uomo. Soltanto quando questo sarà raggiunto, si potrà veramente dire che la formula contenuta nell'art. 1: 'L'Italia è una Repubblica democratica, fondata sul lavoro', questa formula corrisponderà alla realtà. Perché fino a che non c'è possibilità per ogni uomo di lavorare e di studiare e trarre con sicurezza del proprio lavoro i mezzi per vivere da uomo, non solo la nostra Repubblica non si potrà chiamare fondata sul lavoro, ma non si potrà chiamare neanche democratica, perché una democrazia in cui non ci sia questa eguaglianza di fatto, in cui ci sia soltanto una eguaglianza di diritto, è una democrazia puramente formale. Non è una democrazia in cui tutti i cittadini veramente siano messi in grado di concorrere alla vita della società, di portare il loro migliore contributo, in cui tutte le forze spirituali di tutti i cittadini siano messe a contribuire a questo cammino, a questo progresso continuo, di tutta la società; e allora voi capite da questo che la nostra Costituzione è in parte una realtà, ma soltanto in parte una realtà; in parte è ancora un programma, un ideale, una speranza, un impegno, un lavoro da compiere! Quanto lavoro avete da compiere! Quanto lavoro vi sta dinanzi!

Però, vedete, la Costituzione non è una macchina che una volta messa in moto va avanti da sé. La Costituzione è un pezzo di carta, la lascio cadere e non si muove; perché si muova bisogna ogni giorno rimetterci dentro il combustibile; bisogna metterci dentro l'impegno, lo spirito, la volontà di mantenere queste promesse, la propria responsabilità. Per questo una delle offese che si fanno alla Costituzione è l'indifferenza alla politica. L'indifferentismo, che è, non qui per fortuna, in questo uditorio, ma spesso in larghi strati, in larghe categorie di giovani, un po' una malattia dei giovani: l'indifferentismo. 'La politica è una brutta cosa. Che me n'importa della politica?' Ed io, quando sento fare questo discorso, mi viene sempre in mente quella vecchia storiellina che qualcheduno di voi conoscerà: di quei due emigranti, due contadini che traversavano l'Oceano su un piroscafo traballante. Uno di questi contadini dormiva nella stiva e l'altro stava sul ponte e si accorgeva che c'era una gran burrasca con delle onde altissime. che il piroscafo oscillava. E allora questo contadino impaurito domanda a un marinaio: 'Ma siamo in pericolo?' E questo dice: 'Se continua questo mare tra mezz'ora il bastimento affonda'. Allora lui corre nella stiva a svegliare il compagno; dice: 'Beppe, Beppe, Beppe, se continua questo mare tra mezz'ora il bastimento affonda'. Quello dice: 'Che me n'importa? Non è mica mio!' Questo è l'indifferentismo alla politica.

È così bello, è così comodo; è vero? è così comodo! La libertà c'è, si vive in regime di libertà. C'è altre cose da fare che interessarsi di politica! Eh, lo so anche io, ci sono . . . Il mondo è così bello, vero? Ci son tante belle cose da vedere, da godere, oltre che occuparsi di politica! E la politica non è una piacevole cosa. Però la libertà è come l'aria. Ci si accorge di quanto vale quando comincia a mancare, quando si sente quel senso di asfissia che gli uomini della mia generazione hanno sentito per vent'anni e che io auguro a voi giovani di non sentire mai. E vi auguro di non trovarvi mai a sentire questo senso di angoscia, in quanto vi auguro di riuscire a creare voi le condizioni perché questo senso di angoscia non lo dobbiate provare mai, ricordandovi ogni giorno che sulla libertà bisogna vigilare, vigilare dando il proprio contributo alla vita politica.